JN333626

施設ケアの新発想！
オーストラリアの
プロメソッド

ダイバージョナル
セラピー

Diversional Therapy

NPO法人日本ダイバージョナルセラピー協会理事長
芹澤 隆子 著

三輪書店

はじめに

　広々とした庭には草花が咲き誇り、木陰では老婦人たちがテーブルを囲んでお茶を飲みながらおしゃべりしていました。室内のホールでは何人かがビンゴゲームに興じ、別の部屋では女性たちがバザーに出すのだとハンカチの刺繍に精を出していました。「ここにはダイバージョナルセラピストがいますから、好きなプログラムに参加できるのですよ」とのこと。

　1999年当時、筆者はフリーライターとして、日本で高齢者介護について取材を続けていましたが、オーストラリアで初めて聞いたこの言葉に、なぜか大変心を惹かれました。その頃はインターネットもあまり普及しておらず、日本では参考文献も見つかりません。以来40数回の渡豪を繰り返し、オーストラリアで知り得た情報と現状を日本に伝え、この10年間にはダイバージョナルセラピーの必要性を理解して導入される施設や病院へのダイバージョナルセラピーのコンサルタントとして数々の実践の場も与えていただきました。

　ダイバージョナルセラピーを通して出会った多くの方々は、私たちに「人は最期の時まで生きている」ことを教え、どのように「生きたい」のかを考えるたくさんの糧を遺して、すでに亡くなられています。その糧を無にしてはいけない。それこそが、「介護は何のためにするのか？」の答えだと思うからです。

　数年前にオーストラリアの都市ゴールドコーストの、あるナーシングホームで出会った女性入居者もその一人でした。早朝にもかかわらず、整った服装でゆったりとソファのような車椅子に座り、大きな赤いネックレス、腕にはギプスを装着されながらもきちんとマニキュアを塗った清楚な姿は、まさに凛として生きる意志を見せておられました。

今回の執筆の中で、どうしてもこの方の写真を掲載させていただきたくて、現地のダイバージョナルセラピストに頼んで、家族を探してもらったところ、長男の Charles Trish Ryman さんから掲載の許可とともに、後述のようなメッセージが送られてきました。それは、百頁の理論を述べるよりも明確に、ダイバージョナルセラピーの何たるかを物語る一文でした。

　私たちは皆、さまざまな人生を歩んできますが、人生の集大成ともいえるひとときは、お気に入りの森でゆっくり、その道を振り返りながら、楽しみたいと思っているのではないでしょうか。そのパートナーとして寄り添うのがダイバージョナルセラピーだったのです。

　超高齢社会の日本で今、経済的困窮や介護の人手不足などの解決策がさまざまな分野で検討されています。ただ、一つだけ日本で追及されてこなかったことがあるとしたら、それは「楽しむ」ことを支える専門性ではないでしょうか。誰もが「楽しく生きたい」と望んでいるにもかかわらず…。

　本書は、どのような状態にあっても「最期まで楽しく、自分らしく生きぬく」ことを支援するための専門性を追求するダイバージョナルセラピーの入門書として、また実践の手引書として生かしていただけるように、筆者のダイバージョナルセラピーの現場経験と日豪交流の中から、数年がかりでまとめたものです。ダイバージョナルセラピーが専門職として認定され、職場においても明確なポジションが与えられているオーストラリアやニュージーランドに比べて、日本の現状は非常に厳しいものではありますが、本書に出会ってくださった方々が、「もっと楽しく生きていいんだ！」「介護は、その人が楽しく生きるためにあるんだ！」と声をあげてくだされば、筆者にとっても、この上ない幸せです。

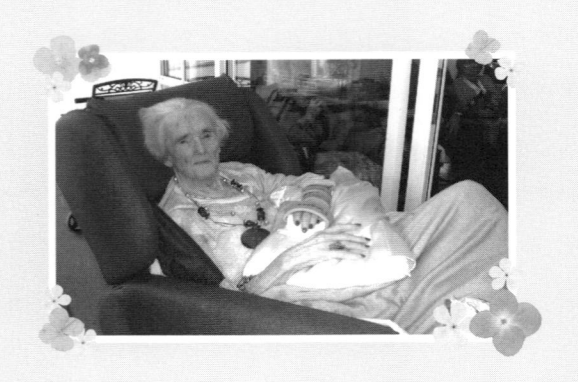

この写真は Margaret Trish さんに出会ったときのものです。ちょっと愁いを帯びながら凛とした表情と、お洒落な身なりに感動して思わず撮らせていただきましたが、この5カ月後に亡くなっていることがわかりました。息子の Charles さんからのメッセージは次のようなものです。

Please pass on our very best wishes and congratulations to Takako for furthering your work in Diversional Therapy.
There is very often long pathway between being at a stage that requires more care and reaching the final destination.
Trish and I always felt that this pathway should be like a walk through a well loved forest, full of joy and light and travelled as comfortably as possible.

Charles Trish Ryman

　多くのケアを必要とするようになってから人生の最終の目的地にたどり着くまでの道のりは、長いものになる場合も少なくありません。Trish と私は、その道のりがお気に入りの森の中を歩いているときのように喜びと輝きに満ち、心地の良いものであるべきだといつも感じていました。

　この書を書くにあたっては、オーストラリアおよびニュージーランドのダイバージョナルセラピー協会(ダイバージョナルセラピストの方々)

と各高齢者施設、日本ダイバージョナルセラピー協会、日本におけるダイバージョナルセラピー導入施設の皆様に、資料や写真の提供、掲載許可など多大なご協力を賜りましたことを、心から感謝申し上げます。

写真掲載にご協力くださった日本の法人・施設は次の皆様です（北から）。

- 医療法人社団豊生会介護老人保健施設ひまわり、他（北海道）
- 社会福祉法人豊生会特別養護老人ホームひかりの（北海道）
- 有限会社おいらーく（北海道）
- （有）School & Shop アニバーサリデイサービス ユーカリの丘（北海道）
- 社会福祉法人グリーンハート特別養護老人ホームタマビレッジ（群馬）
- 株式会社介護サービス鶴ヶ島デイサービスはなみずき（埼玉）
- 社会福祉法人ユーカリ優都会介護老人保健施設ユーカリ優都苑（千葉）
- 社会福祉法人東京聖労院特別養護老人ホームつきみの園（東京）
- 株式会社ホームケアサービス山口地域密着型特定入居者生活介護「のんびり村」（山口）
- 医療法人社団和風会橋本病院（香川）
- デイサービス・グループホームまぜの里（徳島）
- 社会福祉法人豊資会ケアハウスどんぐり（福岡）
- 医療法人社団仁誠会介護老人保健施設ケアセンター赤とんぼ、他（熊本）
- 医療法人沖縄徳州会グループホームひめゆり（沖縄）

オーストラリアの多くの施設にもご協力いただきました。特に Bupa Bellarine（ヴィクトリア州にある高齢者介護入居施設）の Heather McKibbin マネジャー（当時）と入居者の皆様に感謝申し上げたいと思います。

2016年8月吉日　　　　　　　　　　　　　　　　芹澤隆子

目次

※本書では「ダイバージョナルセラピー」の単独使用を除き、DTと略しています
（例：DTプログラム）

はじめに ……………………………………………………………………………… ii

第1部 ダイバージョナルセラピーの理論 …………………………… 1

第1章 ダイバージョナルセラピーの理念と視点 …………………… 2

1 ダイバージョナルセラピーの理念 …………………………………… 2
1. ダイバージョナルセラピーの理念と定義 ……………………………… 2
2. ダイバージョナルセラピーの社会的背景 ……………………………… 4

2 ダイバージョナルセラピーの視点 …………………………………… 8
1. 老いるとは楽しむこと …………………………………………………… 8
2. 退屈からの解放と社会性の維持 ………………………………………… 10
3. ヘルスプロモーションとGood Death …………………………………… 11

第2章 ダイバージョナルセラピーにおける4つのキーワード …… 13

1 レジャー（Leisure） …………………………………………………… 14
1. レジャーの概念と定義 …………………………………………………… 14
2. ダイバージョナルセラピーにおけるレジャーの効果 ………………… 16

2 ライフスタイル（Life-style） ………………………………………… 18
ライフスタイルとは？ ……………………………………………………… 18

3 チョイス（Choice） …………………………………………………… 21
1. 自由と選択の権利 ………………………………………………………… 21
2. ダイバージョナルセラピーにおけるチョイスの実践 ………………… 23

4 コミュニケーション（Communication） …………………………… 26
1. ケアの職場におけるコミュニケーション ……………………………… 26
2. ダイバージョナルセラピーにおけるコミュニケーション …………… 27

第3章 ダイバージョナルセラピストの専門性と活動分野 ... 31

1 ダイバージョナルセラピストの役割と専門性 ... 31
1. ダイバージョナルセラピストの役割 ... 31
2. ダイバージョナルセラピストの専門性 ... 36

2 ダイバージョナルセラピストの活動分野 ... 37
1. オーストラリアにおけるダイバージョナルセラピストの多様な活動分野 ... 37
2. ニュージーランドにおけるダイバージョナルセラピー ... 38
3. 日本におけるダイバージョナルセラピーの発展とダイバージョナルセラピーワーカーの養成 ... 39

第2部 ダイバージョナルセラピーの実践 ... 43

第1章 ダイバージョナルセラピーの実践プロセス ... 44

1 DTプロセスの概要 ... 44

2 アセスメント（Assessment：情報収集と事前の評価） ... 45
1. DTアセスメントの概要 ... 45
2. DTアセスメントシート ... 48
3. DT好きなことアセスメントシート ... 52

3 プランニング（Planning：目標設定による計画とプログラム作成） ... 52

4 実行（Implementation：実施と配慮） ... 58

5 評価（Evaluation：事後の評価と考察） ... 60
1. 結果を焦らない ... 61
2. プログラムの評価 ... 61
3. 参加者の評価 ... 63

第2章 プログラム実践の基礎 — 65

1 DTプログラムの要素 — 65
1. DTプログラムの要素 — 65
2. DTプログラムを考えるときの視点 — 68

2 グループプログラムと個別プログラム — 69
1. ベースプログラム（Base Programs） — 70
2. 個別プログラム（Individual Programs） — 71
3. 治療的プログラム（Therapeutic Programs） — 72

3 オーストラリアにみるDTプログラム — 73

4 建築デザインと環境作り — 78

5 オーストラリアの施設における ダイバージョナルセラピー — 79
入居者マギーさんの事例 — 81

6 特別なニーズをもった高齢者の レジャーにおける留意点など — 82
1. 軽度認知症（MCI） — 82
2. 心臓・循環器疾患 — 83
3. 骨に関する疾患（関節炎や骨折、骨粗鬆症など）のある人 — 83
4. 脳障がいのある高齢者（脳卒中、神経の障がい、脳腫瘍など） — 84
5. 神経組織に関する疾患（パーキンソン病、運動ニューロン疾患など） — 84
6. 聴覚障がい — 85
7. 視覚障がいのある人（白内障、緑内障など） — 85
8. 認知症 — 85

第3章 DTプログラムの実践例 — 87

1 SONASセッション — 87
1. SONASとはウェルビーイング――コミュニケーションと感性へのアプローチ — 87
2. SONASの要素と目的 — 88
3. SONASの手順 — 93
4. データにみるSONASの成果 — 95

2　SONAS エクササイズ ─────────── 98
　1. 体を動かすことへのモチベーションを高めるために ─── 98
　2. 音楽と体と脳はリンクする ─── 99

3　ソーシャルプログラム ─────────── 99
　1. 社会人としての尊厳を維持するために ─── 99
　2. 地域の特性を生かしたソーシャルプログラム
　　　──市役所や郵便局、駅も実践のステージに　101

4　メンズクラブ ─────────── 103
　1. オトコにはオトコの楽しみ方？！　社会性を生かした自発的なプログラム ─── 103
　2. 男性のための男性による男性のレジャークラブ ─── 104
　3. オトコ同士がヨカたい！会長も決めて「町内会」から「キャバレー」まで　105

5　ドールセラピー ──愛する対象となる赤ちゃん人形 ─── 107
　1. 受け身からポジティブな「慈しむ行動」へ
　　　──大切なのはアセスメントとコミュニケーション　108
　2. 環境作りと想像力を大切に ─── 110

6　センサリーアプローチ ─────────── 111
　1. 五感に心地よく働きかけて安らぎと活性を ─── 111
　2. マルチセンサリールームの活用と応用 ─── 112
　3. ターミナルケアにおけるセンサリーアプローチ ─── 114

7　ルームビジット ─────────── 115
　一人ひとりの「お部屋訪問」─── 115

8　DTワゴン──いつでもDT！　レジャーの出前 ─── 117

9　ライフボード（グッドフィーリングポスター）─── 118
　入居者も職員も「私のグッドフィーリング」探し ─── 118

10　ガーデンプログラム ─────────── 120
　センサリーガーデンやクリニックの花壇 ─── 120

11　生活文化としての信仰 ─────────── 122
　1. 心の拠りどころ ─── 122

2. 語り継がれる文化として 123
　　3. 生活にメリハリと変化を 123

第4章　日本におけるダイバージョナルセラピーの実践例 125

① 特別養護老人ホーム 125

② 介護老人保健施設 128

③ サービス付き高齢者向け住宅・グループホームなど 131

④ ケアハウス（特定施設入居者生活介護） 135

⑤ デイサービスセンター（通所施設） 136

⑥ 病院、クリニックなど 137

資料編

① ナーシングホームにおける入居者の権利と責任の憲章 142
② Ｎ子さんの生活文化史年表 144
③-1 Diversional Therapy Assessment 身体的・認知的アセスメント項目 146
③-2 Diversional Therapy Assessment 感情的・社会的アセスメント項目 147
④ DT 個別プログラム計画 148
⑤ DT：アクティビティ計画表 149
⑥ DT：外出プログラム計画表 150
⑦ Documentation Manual for Diversional Therapy 151
⑧ DT プログラム参加者記録シート 152
⑨-1 SONAS セッション計画表（雨） 153
⑨-2 SONAS セッション計画表（夏の暮らしと海） 154
⑩ SONAS 参加者ライフビュー 155
⑪ SONAS セッション座席表 156
⑫ センサリーアプローチにおける観察と記録 157
　　DT 関連グッズ 158

おわりに 160

◆ **DTCafé**
① Bishop 氏との再会 2013 …… 9
② レジャーは認知症の発症率を低下させる ?! …… 18
③ ダイバージョナルセラピストの仕事は楽しい ?! …… 35
④ ダイバージョナルセラピストの仕事は楽しい ?! …… 36
⑤ ダイバージョナルセラピー小史 …… 41
⑥ 利用者からの評価は？ …… 62
⑦ MMSE と FIM による評価 …… 64
⑧ 握手 …… 90
⑨ 五感の記憶 …… 92
⑩ 招待状 …… 106
⑪ ドールセラピーの原点 …… 109
⑫ 「神社」「仏壇」「ひぬかん」…… 124
⑬ 初詣 家族の協力で手作り鳥居をベッドサイドへ …… 127
⑭ 行列のできる映画会 …… 130
⑮ 海水浴とリスク …… 134
⑯ 夕陽を見に行こう！ …… 135

◆ **ヒント**
① チョイスのコツ …… 25
② アセスメントの聞き取り方と書き方 …… 48
③ 「4 つの視点」の考え方 …… 51
④ プランニングの進め方 …… 54
⑤ スリープマネジメント …… 131

第1部

ダイバージョナルセラピーの理論

第1章 ダイバージョナルセラピーの理念と視点

1 ダイバージョナルセラピーの理念

1 ダイバージョナルセラピーの理念と定義

　ダイバージョナルセラピー（Diversional Therapy）とは、聞き慣れない名前かもしれませんが、ダイバージョナルは英語のダイバージョン（diversion）から派生した言葉です。diversion はジーニアス英和辞典によると、①（進路、目的、用途などから）わきへそらす（それる）こと、方向転換、②関心をそらすもの、気晴らし、娯楽、③迂回路、回り道…などと訳されています *1 。一方、医療用語で"urinary diversion"（尿路変更術）という使われ方もします。

　認知症などのため、生活をコントロールすることが困難になった人がいるとします。このような状態を、順調に歩いてきた道が突然崖崩れのように閉ざされてしまったと例えると、なおも突き進もうとしてもがく姿が、認知症の行動・心理症状（Behavioral and Psychologic Symptoms of Dementia：BPSD）といわれる言動やうつ症状として現れているといえるのではないでしょうか。また、さまざまな疾患のため心身に障がいを伴う人にも同じことがいえると思います。

　そんなとき、これまでのように直進できなくても、ちょっとした脇道を見つけることができれば、また前に進めるかもしれませんし、たとえ元の道に戻れなくても新たな道を見つけることができるかもしれません。

　また私たちも日常の生活の中でも、疲れたり不愉快なことがあると、好きな音楽に浸ったり、ショッピングをしたり、美味しいものを食べたりして気分転換を図るものです。平穏な日常の中に何らかの変化が起きたとき、新しい力やアイデアが湧くといった経験をしたこともあるでしょう。

　そのような意味で、楽しさや幸福感を得るために、多様な方法を用いて困難な状況から視点や気分を変えて生活に変化をもたらし、新しい迂回路を見つけることがダイバージョンという言葉であらわされているようです。しか

*1
diversion
新オックスフォード英英辞典では an activity that diverts the mind from tedious of serious concerns; a recreation or pastime; と記されている。

し高齢によって虚弱になったり、認知症や心身の障がいを伴ったりすることでそのようなコントロールが困難になったときには、何らかの専門的な援助が必要になります。このような発想からダイバージョナルセラピー（Diversional Therapy：DT）という言葉が生まれたと考えられます。その道案内人の役目を果たすのがダイバージョナルセラピストであるといえます。

オーストラリアの西シドニー大学健康科学部でダイバージョナルセラピストの養成に携わっている Margaret Skropeta 氏 *2 によると、ダイバージョナルセラピーの定義は、社会や政策の変遷とともに少しずつ変化してきたといいます。まず初期の頃、1976年にシドニーでオーストラリアダイバージョナルセラピー協会（Diversional Therapy Association of Australia）を創設したメンバーの一人で、長く会長を務めた Robin Mitchell 氏は次のように語っています。

*2
Margaret Skropeta 氏：西シドニー大学健康科学部シニアレクチャラー。

「ダイバージョナルセラピストはパラメディカルチームの一員であり、その目的は患者の身体的、精神的機能回復を高めることにある。その手法は、ハンドクラフトの環境の中で創造性を刺激して促し、エンターテインメントを提供することによって他者との交流を高め、ポジティブな経験を促し支援する」

1980〜90年代に入って大学や専門教育機関などにDTコースが導入されると、さまざまな専門家の意見が集約され、次のような定義が策定されています。

Robin Mitchell 氏（右）と筆者（2012年）。

「ダイバージョナルセラピーは医療、保健、コミュニティの環境の中で、レジャーとレクリエーションに関する活動を実施するセラピーである。個人が社会との間にバリアがある場合は、ダイバージョナルセラピーの専門家がその個人が社会とアクセスできるように、個人にとって価値のある交流を促して良い結果が得られるように支援する」

この時期に「レジャー」という言葉が加わり、ダイバージョンするためにはレジャーが必要であることを明確にしています。また、「他者との交流」は「社会との交流」という表現になり、より社会性が重要視されるようになりました。さらにダイバージョナルセラピーが全州に普及し、社会的認識も高まってきた1997年には「身体的、社会的、精神的、心理的"Well-being"を高めるレジャーを開発し提供することである」という表現が加わります。

そして2009年に、オーストラリアの全国組織として新発足したオーストラリアDT協会（Diversional Therapy Australia：DTA）は、その「ビジョン」と「実践の定義」を次のように掲げています。

〈ダイバージョナルセラピーのビジョン〉*3

「ダイバージョナルセラピーは、クライアント中心の実践であり、レジャーやレクリエーショナルな経験は、すべての個人の権利であると認める」

〈ダイバージョナルセラピー実践の定義〉*4

「ダイバージョナルセラピー実践者は、あらゆる世代の、あらゆる能力の人々のために働く。その活動は、自尊心や自己実現といった生活の質（Quality of Life、以下QOL）を促進するためのレジャーやレクリエーションに参加したり、経験することが困難になった一人ひとりのクライアントのために身体的、精神的、感情的、心理的、社会的Well-Beingを支援促進し、チャレンジし、力づけるように設計される」

このようなオーストラリアDT協会の表明をもとに、日本DT協会では、2004年に次のような「ダイバージョナルセラピーの定義」を策定しています。

「ダイバージョナルセラピーとは、個々人の独自性と個性を尊重し、一人ひとりがより良く生きることを目指し実践する機会をもてるようサポートし、自分らしく生きたいという要求に応えるため、「事前調査→計画→実施→事後評価」のプロセスに基づいて、個々人の"楽しみ"からライフスタイル全般まで、そのプログラムや環境をアレンジし提供する全人ケアの思想と実践である」

いずれも実践においては「個人」にフォーカスしながら、その個人が社会的存在であることを尊重し、計画的、意図的に設計されたレジャーやレクリエーションを経験することを通して、その人の尊厳やQOLを支援、促進していこうとするものであることが理解できます。ここでいう"レジャー"については、第2章「レジャー（Leisure）」（14頁）で述べます。

2　ダイバージョナルセラピーの社会的背景

オーストラリアDT協会 *5 は、2006年に全国統一の教育基準としてNational Minimum Course Standardsを策定してダイバージョナルセラピストの専門性を高め、2007年には医師、看護師、理学療法士、作業療法士、言語聴覚士などの協会やアルツハイマー協会などが加盟する「National Aged Care Alliance（全国高齢者ケア連盟）」に加盟し、専門職としての社

---

*3　〈原文〉Diversional Therapy is a client centred practice and recognizes that leisure and recreational experiences are the right of all individuals.
このビジョンは1992年に創設されたニュージーランドダイバージョナルセラピー協会（New Zealand Society of Diversional Therapists：NZSDT）にも受け継がれているダイバージョナルセラピーの根本思想である。

*4　〈原文〉Diversional therapy practitioners work with people of all ages and abilities to design and facilitate leisure and recreation programs. Activities are designed to support, challenge and enhance the psychological, spiritual, social, emotional and physical well-being of individuals who experience barriers to participation in leisure and recreational pursuits thus affecting their quality of life.

*5　当時の名称はDiversional Therapy Association of Australia National Council（DTAANC）

会的ポジションも明確にすることができました。

　このようにダイバージョナルセラピーが専門分野として発展してきた背景には、オーストラリア連邦政府（以下、連邦政府）の高齢者政策の転換があったと考えられます。

　一つは、1985年に策定された「ナーシングホームにおける入居者の権利と責任の憲章」＊6（資料①142頁）です。この年には「Aged Care Assessment Teams：ACATs（高齢者介護評価チーム）」による全国統一の「介護のニーズの審査制度」も始まっていますが、この「憲章」は介護を受ける側の高齢者の権利を守ろうというものであり、各州がそれぞれ異なった基準で運営されていた高齢者政策を、連邦政府のもとで統一し、国としてのスタンダードを目指すものでした。現在もなお、オーストラリアの高齢者ケアにおいて、行政から介護の現場に至るまでの思想的根拠となり、基本理念となっています。

　そこには、「適切なケアを受ける」「そのケアの決定に参加する」「家庭的な環境で暮らす」「個人の生活文化や宗教が尊重される」「地域社会に自由にアクセスする」「リスクを受容する」など21か条の権利と4か条の責任が掲げられています（資料① 142頁）。これらは現在も、ダイバージョナルセラピーの実践の基本理念と深くかかわっています。

　次の大きな転換は1997年の「Act.97」と呼ばれる政策です。この時点では高齢化率は11％程度でしたが、来たるべき高齢社会に向けてAged Care省（2015年現在はDepartment of Healthの中のAgeing and Aged Care）を創設し、各州に「高齢者介護基準監査局（以下、監査局）」（Aged Care Standards and Accreditation Agency、2014年からThe Australian Aged Care Quality Agency）を設置しました。これによって初めて、全国統一の基準で高齢者介護施設を監査することとなり、介護の質の向上と標準化を図ったのです。2014年の政策転換＊7により名称が変更されましたが、入居施設に対する監査項目に変更はありません。

　監査は図❶に示す4つの基準領域44項目について、連邦政府の任命を受けた監査人が3日ほど施設に滞在し、書類から現場の実施検証、職員や入居者、家族へのインタビューなど厳しく行われます。これは現在も繰り返し実施されており、問題がなければ3年ごとの監査、条件を満たさない場合は再監査や補助金の打ち切りも辞さないというものです。監査局では監査とは別に、施設への指導や職員研修なども頻繁に実施し、優秀な実践には賞を与えるなど、介護の質の向上を全州同一のスタンダードで進めています。

＊6
1985年に策定された「ナーシングホームにおける入居者の権利と責任の憲章：CHARTER OF RESIDENTS' RIGHTS AND RESPONSIBILITIES IN APPROVED NURSING HOMES」は、その後、何度かの条文の調整を経て、2014年7月の制度改正により21条の権利と4条の責任からなる下記の名称で再整備された。内容的な変化はないが本書の資料編では2014年度版を掲載する。
CHARTER OF CARE RECIPIENTS' RIGHTS AND RESPONSIBILITIES — RESIDENTIAL CARE：介護を受ける者の権利および責任の憲章―入居介護

高齢者介護入居施設に掲げられた「施設入居者の権利と責任の憲章」

＊7
2014年の制度改正に伴って、高齢者介護施設のあり方も大きく変化した。従来、軽度介護者はホステル（日本でいえば軽費老人ホームやケアハウスにあたる）、重度介護者はナーシングホーム（日本でいえば特別養護老人ホームにあたる）と区別していた入居施設を「Aged Care Residential Facility：高齢者介護入居施設」に一本化した。本書では旧制度下での説明ではナーシングホームと呼ぶ場合もあるが、特にその必要がない場合は新しい呼び方を採用し、「高齢者入居施設」または「入居施設」と略す。

	基準1 経営システム 職員配置 法人としての 進展	基準2 健康と パーソナルケア	基準3 入居者の ライフスタイル	基準4 物理的環境と 安全基準
17		良質な睡眠		
16		感覚的喪失への対応		
15		口腔と歯のケア		
14		移動性の良さ リハビリテーション		
13		行動のマネジメント		
12		排泄のマネジメント		
11		スキンケア		
10		栄養と水分の摂取	入居者の権利と責任	
9	外的資源サービスの提供	緩和ケア	入居者自身の選択と決定への参加	
8	情報・案内システム	痛みのマネジメント	文化的、精神的（宗教を含む）生活の尊重	食事の提供、掃除、洗濯のサービス
7	適切な在庫と備品	投薬管理	楽しみや興味とアクティビティを奨励	感染症の管理
6	人的資源のマネジメント	必要に応じた健康関連サービス	プライバシーの権利と尊厳	火災や緊急事態への対応
5	計画性と指導力	専門的看護ニーズ	独立性の支援	職員の健康と安全
4	批評および不服申し立て対応	医療的ケア	感情のサポート	生活環境
3	教育とスタッフの職能開発			
2	守るべき法令順守			
1	改善し続ける			

図1 入居施設における介護の質（Quality of Care）に関する監査基準（44項目）

提供／オーストラリア高齢者介護基準監査局（Aged Care Standards and Accreditation Agency Ltd.）

> 基準1：経営システム、職員配置、法人としての進展
> 基準2：健康とパーソナルケア
> 基準3：入居者のライフスタイル
> 基準4：物理的環境と安全基準

監査基準に合格したことを示す証書。
各施設に掲示されている。

中でもダイバージョナルセラピーが関係するのは基準3で、入居者一人ひとりのライフスタイルや個人の尊厳、文化や興味など10項目に焦点が当てられていますので、少し詳しく記しておきます。

> 〈基準3〉
> 介護を受ける者は、彼らの個人、市民、消費者としての法的権利を保持し、彼ら自身の生活における活動ができるように援助される。
> 1. 積極的に改善を追及し続ける
> 2. 専門職としてのスタンダードを保ち、入居者のライフスタイルの保証と法令順守
> 3. スタッフの知識とスキルの教育、開発
> 4. 感情面のサポート
> 5. 独立性の維持と友好への援助
> 6. 尊厳とプライバシーの権利を尊重する
> 7. レジャー、興味やアクティビティへの参加を支援、奨励
> 8. 各個人の興味や習慣、文化的、民族的背景の尊重
> 9. 入居者自身が受けるサービスについての決定に参加し、そのライフスタイルを自分で選択し、コントロールすることを尊重
> 10. 入居者自身が、その権利や責任を理解できるための支援

この項目の1～3は各基準共通のものですが、オーストラリアDT協会によると経営者たちは特に7、8の項目やライフスタイル全般に対応する専門分野としてダイバージョナルセラピーを認めるようになり、ダイバージョナルセラピストの雇用が急速に広がっていったといわれています。

ダイバージョナルセラピーは50年近い歴史をもつとはいえ、1990年代当時はまだ一般的には認知度も低く、「レクリエーションのことでしょ？」といった見方が大勢でした。ダイバージョナルセラピストたちは、その役割の重要性を州議会や地域社会に訴え続けてきたといいます。ダイバージョナルセラピーの普及には彼らの不屈の努力とともに、政策的、社会的背景の転

換があったことを、私たちは日本にも照らして考えてみる必要があるのではないでしょうか。

2 ダイバージョナルセラピーの視点

1 老いるとは楽しむこと

前項で述べたように、ダイバージョナルセラピーの専門職としての活動を大きく前進させるきっかけともなった「高齢者介護基準監査」を含む高齢者政策の大改革（Act.97）を実施したのはAged Care省（当時）の初代大臣、Bronwyn Bishop氏です。1999年に来日したBishop大臣に、筆者はインタビューの機会を得ました。

Bronwyn Bishop大臣（右）と筆者（1999年）。

その頃、オーストラリアの高齢化率は11％程度でしたが、「オーストラリアの高齢者政策の課題は？」との問いに大臣は「将来ベビーブーマー世代が高齢に達したときの社会的コストの増大です。コストの軽減を考えなければなりません」と答えました。状況は日本も同じです。そのためにはどうすればよいのか？ 大臣の答えは明快でした。「コストを下げるためには介護の質を上げればよい」。質の高さ＝高コストと考えられてきた日本の介護や福祉とは真逆の発想でした。

大臣の考えは「まず教育を充実させることで各職種の専門性を高め、効率よくケアの質（Quality of Care：QOC）を高める。ケアの質が上がれば高齢者の生活の質（Quality of Life：QOL）が向上する。QOLが上がれば介護が軽減され、社会的コストの軽減につながる」というものでした。

このような思想をベースに策定されたのが「高齢化するオーストラリアの国家戦略」[*8]です。その「背景説明書」の序言を大臣は次のような言葉で締めくくっています。

「老いるとは楽しむことであって、耐えることではない[*9]。そのことを実現するために、われわれはこの政策を実施する」。

現実には、高齢者の多くが抱くイメージは「老いるとは耐えること」あるいは「諦めること」であるかもしれません。全室個室が当たり前になった日本の介護施設ですが、その個室の中にどれほどその人らしさが反映されているでしょうか。まだまだしたいこと、身近に置いておきたい大切なものがたくさんあるかもしれません。そんな中で、介護を受ける身だから、施設に入った

[*8] The National Strategy for an Ageing Australia

[*9] 〈原文〉Old age is to be enjoyed and not endured.

のだからと、どれだけ多くのことを諦めているでしょうか。ある特別養護老人ホームの入居者の「どうか明日の朝、目が覚めませんようにと毎晩祈って寝るんだけど、また覚めるのよね」という言葉を筆者は忘れられません。

このような感覚とは、これも真逆の「楽しむ」という発想に、筆者は強い感銘を受けました。高齢者を苦痛と孤立に耐えさせてはならないというオーストラリアの政治姿勢が見て取れます。高齢者施設基準監査のほぼ1/4が「入居者のライフスタイル」にあてられているのも、このような思想に基づくものなのでしょう。

またBishop大臣はコスト問答の中で「専門性を高める」と言いましたが、「楽しむことの専門性」を高めたのがダイバージョナルセラピーであるといえます。以来、筆者はダイバージョナルセラピーの紹介に必ずこの「老いるとは楽しむこと」という言葉を使っていますが、今ではダイバージョナルセラピーの実践を目指す多くの日本の人々にとって、合言葉のように親しまれています。日本の介護や医療の分野に、ささやかながら"楽しむ"という視点を導入できたのではないかと思います。

Bishop 氏との再会 2013 ❶

2013年5月にシドニーで開催された「DTA National Conference（オーストラリアDT協会全国年次大会）」にBishop氏が招待されていて、筆者は思いがけない再会を果たしました。Bishop氏は、14年前からずっと日豪のダイバージョナルセラピーの交流が続いてきたことをたいへん喜び、彼女のスピーチの冒頭で1999年の訪日のこと、そのとき考えていた高齢者ケアの政策についてなど、予定外に大いに語られたようです。そして、ダイバージョナルセラピーがこれからますます重要性を増すだろうこと、現在は施設内での実践が主だが、今後は在宅の高齢者や障がい者もダイバージョナルセラピーを必要とするだろうことを強調されました（2015年には、一部地域でダイバージョナルセラピーの訪問提供が始まったといいます）。

Bishop氏が属する自由党は2007年の選挙で敗れ、2013年5月の時点では野党。彼女は"Shadow Cabinet（影の内閣）"の高齢者担当大臣でしたが、9月の総選挙で再び政権に返り咲き、Bishop氏は現在、下院議長となっています（2015年）。日本のダイバージョナルセラピーに大きな影響を与えてくださったBishop氏に感謝します。

DTA全国年次大会にて。Bishop氏、協会役員と筆者（2013年）。

2　退屈からの解放と社会性の維持

「老いるとは楽しむこと」を引用したため、ダイバージョナルセラピーが高齢者ケアあるいは認知症ケアの手法の一つと捉えられがちですが、オーストラリアのダイバージョナルセラピーの定義（4頁）にもあるように、ダイバージョナルセラピーの視野はすべての世代に広げられており、個人を尊重するものであると同時に、その個人が社会とつながった存在であること、置かれた環境の強い影響を受けていることに注目する必要があります。

オーストラリアでは、よく「高齢者の敵は3つある。退屈と孤独と孤立である」といいます。日本でも、介護の職場の研修などで「入居者さんが最も耐えているのは何か？」と質問すると、多くの人が「退屈」だと答えます。では、退屈とはどういう状態でしょうか？　次のような定義があります。

「退屈（boredom）とは、意味のない繰り返しや刺激の不足した状態から起こる覚醒の低さや不満の体験である」*10

「人は、行動や環境が意味や目的をもたないと感じるとき、その結果、経験するのが『退屈』である」*11

つまり退屈とは、何もすることがない、刺激がないというだけでなく、意味のないことを繰り返さなければならない状態、自分の行っていることに意味や目的をもてない状態をさすのです。そのような状態にあるのは入居者だけではないかもしれません。

孤独とは、親族や友人から離れて施設に入らなければならなかったり、あるいは親しい人たちを喪失することによる寂しさと苦痛。そして孤立とは、周囲に人はいるのに理解や友好関係、望ましいコミュニケーションが得られない状態。いずれも"つながり"という社会性をなくした結果です。

図2は、オーストラリアDT協会の元理事長、Linda Martin氏*12が日本で行った講演（日本DT協会主催「日豪DTセミナー」、2007年）に用いたものです。ダイバージョナルセラピーの実践では常に、「身体的（physical）」「心理的（psychological）」「文化的（cultural）・精神的（spiritual/宗教性を含む）」「感情的（emotional）」の視点をもたなければなりません。「重要なことは、これらすべての要素が社会性をもって提供され、DTプログラムは常に社会的な経験と楽しさにフォーカスされるべきです」とMartin氏は説きました。

ダイバージョナルセラピーのプロセスでは、この概念がベースになってい

*10 Watt & Vodanovich
*11 Barbalet

退屈？　それともお昼寝？

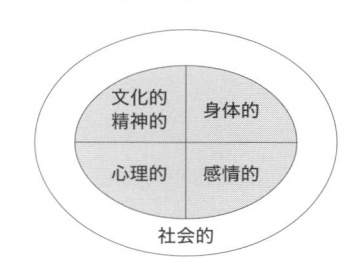

図2　ダイバージョナルセラピーにおける「ベースプログラム」の概念

*12
Linda Martin氏：オーストラリアDT協会元理事長。3回の来日を通してダイバージョナルセラピーワーカー養成講座の創設に貢献。現在 Uniting Care Ageing にて取締役地域運営マネジャー。

ます。つまり、どんなに高齢になっても、認知症やさまざまな障がいを伴っていても、その個人は社会の一員であるということ、社会性をもてることが、その個人の尊厳であるという考え方を忘れてはならないのです。これについては、第2部第3章でも述べます。

　そしてダイバージョナルセラピーでレクリエーションやレジャーを考えるとき、忘れてはならないのは活動性や反応の低下した人へのアプローチです。つまりベッド上の時間が増え、ターミナルの状態になっても、ダイバージョナルセラピストはこのような視点で、その人にふさわしい"楽しみ"や"心地よさ"を見出そうという試みを続けなければなりません。すべての人生の究極にある「死」をどう迎えるか。これは人間にかかわるあらゆる分野と同様に、ダイバージョナルセラピーにおいても大きなテーマとなってきます。

3　ヘルスプロモーションと Good Death

　筆者がダイバージョナルセラピーについて取材を始めた頃、あるナーシングホームの施設長に「介護職の中でダイバージョナルセラピーはどのようなポジションにあるのか？」と質問したことがあります。なぜなら日本では、介護の世界で独立した職業としてレクリエーション担当者が常時働いているという状況を想像しにくかったからです。これに対して施設長はこう答えました。

　「ダイバージョナルセラピストは介護のための職員ではありません。"allied health"の職業です」

　ヘルス！　介護施設の中に健康の分野があるというのは、たいへん興味深いことでした。つまりオーストラリアの高齢者ケアは、いわゆる看護と介護からなる「ナーシング」と、ダイバージョナルセラピーに総称される身体的、心理的、文化的、感情的、社会的健康を促進する「ヘルス」という2つの明確な専門性が連携し、両輪となって進められているという考え方ではないでしょうか。ダイバージョナルセラピストもその構成員の一人だというわけです。

　一方、オーストラリアDT協会が掲げる「ダイバージョナルセラピーの役割」の中に「ヘルスプロモーション」という項目があります。WHO（世界保健機関）によると「健康とは、完全に身体的、精神的および社会的に良好な状態であることを意味し、単に病気でないとか虚弱でないということではない」とあります。これに基づいてWHOは2005年の「ヘルスプロモーションに関するバンコク憲章」で「ヘルスプロモーションとは、人々が自らの健康とその決定要因をコントロールし改善することができるようにするプ

ロセス」であるとしています。

　日本ヘルスプロモーション学会会長の島内憲夫氏 *13 によると「健康であることの究極の目的は真の自由と幸福である」*14 といいます。それは生涯のどのステージにおいてもいえることで、島内氏はそれを「生涯健康」と呼んでいます。

　ダイバージョナルセラピーが求めるものも「最期まで自分らしく（自由に）、楽しく（幸福に）」であると筆者は考えています。そして身体的、心理的、文化的、感情的、社会的"健康"を自らコントロールすることが困難になったときに手を差し伸べ、一人ひとりがもつ健康の可能性にフォーカスし、最期までその幸福を享受できるように支援するのがダイバージョナルセラピーだとすれば、介護の分野で「健康」に視点を置いて働くダイバージョナルセラピストの姿が見えてくるのではないでしょうか。

　もう一つのテーマ「死」について、オーストラリアDT協会の元理事長、Vanessa Ogborne氏は「Good Death（よき死）」という言葉を用いて、その条件を次のように述べています。

- 痛みや症状のマネジメント（緩和ケア）を受ける
- 愛する人（もの）との密接な関係が維持されている
- 自分で自分をコントロールできているという感覚がもてる
- 自らの死期と予期されることの知識をもっている
- スピリチュアルと感情が尊重され、支援されている
- 尊厳とプライバシーを維持している
- 人生の意味と達成感をもてる機会がある
- 重荷や責務感が和らげられている
- 最期の願いがかなえられるよう支援されている

　詳しくは第2部第2章「緩和ケアにおけるダイバージョナルセラピー」（77頁）で述べたいと思いますが、ダイバージョナルセラピーが多様な方法によって、このようなGood Deathへの支援にかかわることで、人は最期の瞬間まで「自分は愛されている」「自分の存在には意味がある」「心地よさを感じることができる」ということを、五感や感性を通して実感することができる。その感じ取る力を「健康」と考え、このような感覚を生み出す対象となるものを、筆者は"Good Feeling"と呼んでいます。

*13
島内憲夫：順天堂大学国際教養学部副学部長・特任教授。日本ダイバージョナルセラピー協会副理事長。

*14
島内憲夫, 他：ヘルスプロモーション― WHO：バンコク憲章, 垣内出版, p78, p84, 2012

第2章 ダイバージョナルセラピーにおける4つのキーワード

　筆者がダイバージョナルセラピーに出会って強い感銘を受け、それを追求したいと思った2000年頃、日本には全くといっていいほどダイバージョナルセラピーは知られておらず、参考文献もありませんでした。そこで、自ら何度もオーストラリアに通って、ダイバージョナルセラピーの現場を体験し、「オーストラリア高齢者福祉＆DT研修ツアー」を主宰する中で（2015年時点で23回）、TAFE（Technical and Further Education：州立高等専門学校）や大学の講座を受けるといったことを繰り返しながら、日本でダイバージョナルセラピーについての情報を提供してきました。しかしどうしても日本語に置き換えにくい言葉がいくつかありました。ダイバージョナルセラピーという言葉自体が、その最たるものです。

　この難解な名前をつけられた"セラピー"を理解していただくために、筆者は「4つのキーワード」を設定しました。これはオーストラリアDT協会（DTA）にも受け入れられるものでした。

> **DT実践のための4つのキーワード**
> 1. レジャー（Leisure）
> 2. ライフスタイル（Life-style）
> 3. チョイス（Choice）
> 4. コミュニケーション（Communication）

1994年、オーストラリアのブリスベンで開催された「天神祭り」。障がいを伴う人たちも電動車椅子で行列に加わって楽しんでいた。筆者にとっての初渡豪。

シドニーの街角で。高齢のミュージシャンが奏でる音楽にのって、日本からDT研修に訪れていたメンバーと通行人が一緒に踊り始めた。

1 レジャー（Leisure）

1 レジャーの概念と定義

❶ 一般でいうレジャー

　ダイバージョナルセラピーは「レジャー（Leisure）」という言葉を抜きにしては語れません。オーストラリアDT協会のビジョンにも「レジャーやレクリエーショナルな経験をすることは、すべての個人の権利であると認める」とありますが、この思想は、国連の「世界人権宣言」第二十七条 *1 に基づいて、1970年に国際レクリエーション協会が発表した"Charter for Leisure"（レジャー憲章）の第一条にも掲げられています。

　「すべての人々は、彼らの同胞と社会の価値観に調和したレジャー活動のための基本的人権を有する。すべての政府は、市民のこの権利を認めて、保護しなければならない」

　つまりレジャーは、すべての人々がもつ基本的人権であると宣言されているのです。

　"Leisure"の原語はラテン語の"Licere"であるとされ、「神に許されていること」「自由であること」という意味をもっていたといいます。現代のレジャーは、英国の産業革命によって労働時間が短縮されて、労働者が仕事以外の自由な時間をもてるようになったことから行われるようになった、「義務的でない時間や行動」という意味から"non-compulsory diversions"を意味するとされます（Wikipediaより）。

　ここにダイバージョナルセラピーのダイバージョンが使われているのは興味深いことです。つまり義務である仕事から自由時間に"転換"されることをあらわしていると思われますが、このようなところにダイバージョナルセラピーのルーツがあるのかもしれません。

　ダイバージョナルセラピーでレジャーについて学ぶときによく読まれるアメリカのペンシルベニア州立大学 Geoffrey Godbey 氏の著書『Leisure in Your Life』 *2 の中で、レジャーは次のように定義されています。

　「レジャーとは、本人が属する文化や物理的環境といった外部の強制的な力から自由な関係において存在するものであり（外部の強制から解放され）、個人として楽しく、直感的に価値があり（その人本人にとって心から楽しく価値がある）、そして互いの信頼のベースとなるような、内面のやむにやまれぬ愛情からなる活動である」 *3

---

*1
国連「世界人権宣言」第二十七条

1. すべて人は、自由に社会の文化生活に参加し、芸術を鑑賞し、及び科学の進歩とその恩恵とにあずかる権利を有する。
2. すべて人は、その創作した科学的、文学的又は美術的作品から生ずる精神的及び物質的利益を保護される権利を有する。

*2
Geoffrey Godbey : Leisure in Your Life. 6th ed. Venture Publishing, 2003

*3
〈原文〉Leisure is living in relative freedom from the external compulsive forces of one's culture and physical environment so as to be able to act from internally compelling love in ways which are personally pleasing, intuitively worthwhile and provide a basis for faith.

オーストラリアの西シドニー大学健康科学部の Alfred Colvin 氏 ※4 は次のようにいいます。

「レジャーとは、身体、知性、感情、精神の自由な遊びであって、個人が個人的または社会・文化的な背景の中で、何らかの献身や行動をするために選択する手段である」※5

またレジャーには、積極的に活動するアクティブレジャーと、のんびりしたり、何もしない状態も含めた受動的な楽しみ方としてパッシブレジャーがあります。一方、職場や学校などで集団で行うエンターテイメント活動のことをレクリエーションと呼ぶようになりますが、これはアクティブレジャーが大部分を占めます。

日本では1960年代の高度成長期に英語のLeisureという言葉が入ってきて一般的には「余暇」と訳されています。文字通り「労働（仕事）の合間の余った時間」ということでしたが、生活が豊かになるにしたがって、休暇に遊びに出かけるといった感覚で捉えられるようになってきたようです。レジャー産業、レジャー開発、レジャーランドなどの言葉がそれを物語っています。あまり個人のQOLや精神性に結びつけて考えられることはなかったのではないでしょうか。

しかしもっと歴史をさかのぼると、レジャーや余暇、レクリエーションといった言葉が使われる以前、おそらく有史以来、常に人々は何らかの楽しみを求めてきたと考えられます。町や村をあげての祭り、浮世絵、歌舞伎（"かぶく"とはまさに遊びに熱中する様）などに、"日本のレジャー"の原点を見ることができるのではないでしょうか。

❷ ダイバージョナルセラピーにおけるレジャー

以上が一般的なレジャーの概念ですが、ではダイバージョナルセラピーでいうレジャーとは、どのようなことでしょうか。日本では「レジャーは元気に働いて稼いでいる人がすること。介護を受ける身になれば、まず自分の楽しみは諦めなければ…」という声が聞こえてきそうです。

「レジャー憲章（Charter for Leisure）」を思い出してください。「レジャーは基本的人権」だといっています。あなた自身の生活を振り返ってみてください。レジャー、簡単にいえば「楽しいこと」が何もなくて、私たちは生きていけるでしょうか。厳しい仕事であっても、そのあとに自由な時間があり、自分の好きなことができるからこそ、日々の労働に励むことができるのではないでしょうか。

24時間、365日、"施設"という同じ空間の中で、何もすることがなく、何も期待されず、毎日が与えられたスケジュールの繰り返しだとしたら？ダイバージョナルセラピーでは、ここにこそレジャーが必要であると考えま

※4
Alfred Colvin 氏：西シドニー大学健康科学部シニアレクチャラー。

※5
〈原文〉Leisure is the free play of body, mind, emotion and spirit in any medium selected by the individual to which he or she gives some measure of commitment or action within a personal or socio-cultural context.

す。しかも高齢者は、施設に入居すればなおのこと、時間はあり余るほどあります。元気な若者や働く世代のレジャーとは、おのずとその意味や形は異なってくるでしょう。

その人が必要なレジャーは、その生きてきた時代背景や社会と個人の生活歴や経験に大きく影響されます。その人にとってのレジャーとは何かを見極める必要があります。また活動的なレジャーやレクリエーションを楽しめる時期は、そう長くないかもしれません。アクティブレジャーはパッシブレジャーへと変化するかもしれません。さらに認知症が進んだりターミナルが近づけば、"レジャー"は感覚的な心地よさや五感への働きかけが中心になるでしょう。

このように、レジャーは個人の趣向やニーズにより、また人生のステージにふさわしいあり方を模索しながら、最期まで諦めることなく求め続けられるもので、筆者はこれを「生涯レジャー」と呼びます。

ダイバージョナルセラピーを通して、これまでの概念にとらわれない発想で、もう一度「レジャー」を見つめ直してみようではありませんか。

デイケアセンターでゲームを楽しむ（アクティブレジャー）。

入居施設の自室で静かに読書を楽しむ（パッシブレジャー）。

2　ダイバージョナルセラピーにおけるレジャーの効果

オーストラリア DT 協会の「ダイバージョナルセラピー実践の定義」には、次のような一文があります。

「ダイバージョナルセラピストは、人間としての行動や機能を理解したうえで一人ひとりの Quality of Life を高めるために、レジャーに参加することによって得られる多様な成果を利用する」

前述の Linda Martin 氏（オーストラリア DT 協会元理事長）は「最も高度で専門的なスキルを必要としますが」と前置きして「理学療法士や作業療法士がその専門スキルを駆使して身体機能や日常生活機能を改善していくように、ダイバージョナルセラピストは患者の特定の問題点を改善するために、特定のレジャー活動を薬のように処方し使っていくことができる」といいます。

レジャー活動の実際については第 2 部で紹介しますが、まずレジャーがどのような効果をもたらすのか、身体的、心理的、社会的有益性について考えてみます *6 。

❶ 身体的（Physical Benefit）
- 特に生活習慣によって生じる糖尿病、肥満、心臓疾患など、多くの健康問題を軽減する。

*6
Peterson CA, et al : Theapeutic recreation program design ; principles and procedures. Allyn & Bacon, 2000

- 骨粗鬆症や関節の動きの改善。転倒や骨折を防ぐ。
- さまざまな刺激によって認知機能を改善する。

❷ 心理的（Psychological Benefit）

レジャーやレクリエーション活動は、ウェルビーイング（Well-being）に影響をもたらす。退屈、孤立、孤独感などの心理状態から解放してくれる。

- 自己探求心を促す。
- 自己実現の満足や達成感を感じる。
- 自己選択や自己決定の機会を得る。
- 自らのモチベーションや選択をコントロールする機会。
- ストレスのマネジメントに有効。
- 不安やうつ的な気分の軽減。
- 以上のようなことが達成できた満足感からくるQOLの改善。

❸ 社会的（Social Benefit）

- 他者との交流スキルを改善。
- 社会的サポートのネットワークを開拓。
- 友だちや家族との絆を深める。
- より広いコミュニティでの触れ合いや他者を受容する能力の改善。

このほかにも、創作や工作などによって創造性や想像性を喚起したり、新しいゲームや作業に参加することで新たなスキルの開発につながることもあります。また、レジャーの中に五感の刺激をうまく組み込むことによって豊かな言語表現や感情表現を引き出し、認知症の行動・心理症状の緩和にも貢献できることは、DTプログラムを実践する中でよく経験します。

さらには神経伝達物質の働きを活性することによってホルモン系に働きかけ、心身のバランスを調整する効果をもたらすこともあるとされています。

オーストラリアDT協会の元副理事長、Kathleen Rogers氏は2011年の日本での講演の中で、著者不明として次のような言葉を紹介しています。

「レクリエーションの目的は、時間をつぶすことではなく、人生を充実させることです。人を忙しくさせておくことではなく、リフレッシュさせることです。人生から逃避できる場所を提供することではなく、生き方を発見する機会を提供することです」

日本では、限られた職員数で厳しい業務の合間を縫うように実施される通所や入所施設でのレクリエーション。そのレジャーやレクリエーションには一つひとつに意味があり、目的意識をもって実施することで、期待される効果を得ることが可能なのです。もっと積極的にレジャーやレクリエーションを活用しましょう。

レジャーは認知症の発症率を低下させる？！ ❷

　米国アルベルト・アインシュタイン医科大学の Joe Verghese 教授の研究班は、定期的にレジャーを楽しんでいる人は、次のように認知症の発症率が低下したという研究結果を発表しました（Verghese J, et al：Leisure activities and the risk of dementia in the elderly. N Engl J Med 348：2508-2526, 2003）。

- ダンス（76%）
- 週に数回トランプやチェスなどのゲーム（74%）
- 楽器を演奏する（69%）
- クロスワードパズル（38%）
- 小説や新聞をよく読む（35%）
- 身体を動かすだけの体操（変化なし）

　ダンスやボードゲーム、楽器演奏など共に楽しむ相手がいるレジャーのほうが、一人で新聞を読んだりパズルをするよりも、認知症リスクがより軽減されているというのも興味深い結果です。コミュニケーションの効力ではないでしょうか。

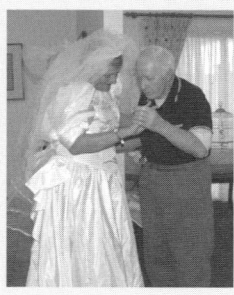

花嫁姿のダイバージョナルセラピストとダンスを楽しむ入居者。

2　ライフスタイル（Life-style）

ライフスタイルとは？

　オーストラリアの高齢者施設で働いているダイバージョナルセラピストは、職場でしばしば職名として「レジャー＆ライフスタイルコーディネーター」と呼ばれています。また、連邦政府が策定した「高齢者介護基準監査」（5頁）では、44項目中10項目が「入居者のライフスタイル（Resident Life-style）」の領域となっており、ここがダイバージョナルセラピストのかかわる部分でもあります。ダイバージョナルセラピーがレジャーやレクリエーションだけでない「全人ケア」の実践だといわれる所以でもあります。

　では、ライフスタイルとはどのようなことをさすのでしょうか。施設基準の監査の全項目については第1章図❶（6頁）をご覧ください。その中の「入

居者のライフスタイル」の領域には、次のようなキーワードがみられます。

> 感情、独立性、友好、尊厳、選択と決定、プライバシー、レジャー、興味、アクティビティ、習慣、文化、民族的背景、決定、コントロール、権利、責任など

　ライフスタイルが、単に生活様式をさすだけでなく、プライバシーや感情面でのサポート、文化的・民族的背景、そして自己決定や自己コントロール、権利擁護までも含む考え方であることがわかります。レジャーやレクリエーションもその人のライフスタイルに根差したものであり、日本でダイバージョナルセラピーを実践するうえでも欠くことのできない要素です。個別のライフスタイルはもちろんですが、日本人特有のライフスタイルや、ある世代で共有されるライフスタイルというものもあるでしょう。そこで次のようにライフスタイルを整理してみました表❶。

表❶ ライフスタイルのカテゴリー

日常性	衣食住、時間、家族、人間関係、習慣（習慣的に行っていたことや生活上の行動パターンなど）、地域活動など
歴史性	生活歴、社会、慣習、学業、職業、人生の出来事
感性	五感、哲学、人生観、志向性、嗜好、趣味、恋愛・結婚観

　それぞれのカテゴリーについて考えてみます。またこのテーマはダイバージョナルセラピーにおけるアセスメントに深くかかわってきます。

❶日常性

　文字通り日常生活（普段の暮らし）の中で築かれてきた個人のライフスタイルで、身にしみついた最も個人的な生き方かもしれません。高齢になったり、認知症を伴ってきた場合にも、最も記憶として残っている部分であり、行動的に固執される部分でもあります。特に入院や施設入所などの場合、環境の急変による身体的、認知的ダメージがいかに大きいものかを、多くの人が体験しています。その人の日常的なライフスタイルをできるだけ壊さないために次のような配慮が必要です。

①その人の普段の衣・食・住に関する情報を知って、どのような形で継続が可能かを検討します。例えば「衣」では、服装の好み、就寝時の着替え、装飾品（ネックレスや腕時計など）、理美容の習慣などがあります。

②その人の生活時間のとり方や習慣的な行為を尊重します。例えば次のような事例があります。毎朝、7時から点滴の指示が出されている認知症を伴う男性患者がいました。その点滴をどうしても外そうとします。調べてみると、最近まで酒店を経営していて7時半になると店のシャッターを開けるのが習慣でした。点滴の開始を8時に変更したら外す行為はみられなくなりました。彼の時間のライフスタイルに気づかなかったら、拘束という手段をとっていたかもしれないと、職員は胸をなでおろしたといいます。

③家族や人間関係はライフスタイルに強い影響を及ぼしている要素の一つです。誰に最も信頼を置いているのか、誰に会いたがっているのか、親しい隣近所や友人は誰なのか、トラブルや軋轢を抱えている相手はいないか…などです。ただ、心理的に微妙な問題でありプライバシーに触れることでもあり、対象者を傷つけないような配慮とともに、このような情報収集は慎重に行わなければなりません。

❷ 歴史性

その人の「来（こ）し方」ということもできる、その人の生きてきた歴史をいいます。それは個人的な経験と、社会的背景に基づく経験があります。また、その世代が共有する文化や流行、気風といったものも、その人の生き方に大きな影響を及ぼしていることでしょう。

どのように学び、どのような仕事を経験したかなどですが、強い印象をもった出来事として、今の高齢世代にとって戦争体験は避けては通れない歴史です。ただ、これも非常に慎重を要するテーマです。どのようなテーマであれ、過去を回想することはポジティブとネガティブと両面の感情に触れることになることを忘れず、その人とその人が生きてきた歴史的背景を知ることは、施設の環境やプログラム作りに欠かせない要素となってきます。

実践の一つとして、一人ひとりの「年表」を作ることを奨励したいと思います。生まれてから現在までの各年に起きた、①個人の出来事や変化、②社会的な出来事、③流行した歌や服装、文化的なイベントなどの3項目を時系列で並行に記入していきます。家族や友人の協力も得ながら、この年表を作ること自体がダイバージョナルセラピーのプログラムとなっていきます（資料②「N子さんの生活文化史年表」144頁）。また、その人の人生を思い出の写真などでボード上に表現する「ライフボード」などもライフスタイルを生かしたDTプログラムとなります（第2部第3章「ライフボード」118頁）。

❸ 感性

看護や介護の中で、生活習慣や生活歴を生かそうという動きは日本でも十分にあると思いますが、筆者がダイバージョナルセラピーの実践において

気づいたライフスタイルのもう一つの要素は「感性」です。オーストラリアでは"Sensory"という言葉を用いて"Sensory Stimulation""Sensory Approach""Sensory Therapy"など多様な活動につなげています。感性は、まさに一人ひとりのライフスタイルのエッセンスのようなものであるからです。

　広い意味では、その人の人生観や恋愛・結婚観、趣味・趣向や嗜好といったところまで含みますが、筆者がこれまで多くの認知症を伴う人たちとともにダイバージョナルセラピーのプログラム〔特に後述の「SONASセッション」（87頁）〕を経験する中で実感してきたことは、認知症の進行とともに記憶や計算、判断力や見当識といった能力は低下していきますが、ある部分は衰えることなく生き生きと維持されているのではないかということです。

　五感が大切であるとはよくいわれますし、五感は感性の大きな部分を占めるものです。しかし残念ながら視覚や聴覚、そして嗅覚も低下していくことがあります。それでも、セッションなどで花を見せると、必ずにおいを嗅ごうとします。それが香りのない花であっても「ああ、いいにおいや…」などといって微笑むのです。それは、「においを嗅ぎたい」という「五感の欲求」とでもいえるものではないでしょうか。花を見ることのできない人も、花に触って「きれいねえ」と喜びます。それは今までの経験を総動員しての想像力のなせるわざであり、「五感の記憶」によるものではないでしょうか。

　このように、機能的には低下してもなおその人たる所以のもの、長い人生の中で培ってきた五感と喜怒哀（愛）楽といった感情が合わさった「総合的な感性」ともいえるライフスタイルが、私たちにはあるのです（DT Café「五感の記憶」92頁）。

稲のにおいは、農業を営んできた人にはたまらない（橋本病院のSONASセッションにて）。

3　チョイス（Choice）

1　自由と選択の権利

　「レジャー憲章」は次のように謳っています。「個人の自由と選択は、レジャーの中心的要素である（前文抜粋）」 [*7] 。Godbey氏による「レジャーの定義」では「レジャーとは…（中略）外部の強制的な力から自由な関係において…」と始まります。オーストラリアでDT教育の創始者の一人でもあるGabriel Koop

[*7]
〈原文〉Consistent with the Universal Declaration of Human Rights (Article 27), all cultures and societies recognise to some extent the right to rest and leisure. Here, because **personal freedom and choice are central elements of leisure**, individuals can freely choose their activities and experiences, many of them leading to substantial benefits for person and community.

氏 *8 は、そのテキストの中で次のように書いています。

「チョイスはレジャー経験の重要な要素であり、モチベーションを高める要素でもある。ダイバージョナルセラピストの第一の役割は、クライアントが彼らの参加するレジャーやレクリエーションプログラムをチョイスできるように支援・促進（facilitate）することである。チョイスのない活動は、レジャー経験とはなりえない」

オーストラリアDT協会は、ダイバージョナルセラピストの役割について次のように述べています。

「個々人が自らの自尊心と自己実現を支援・促進するためのレジャーやレクリエーション活動を選択する機会を提供する」「レクリエーションプログラムを開発し、マネジメントするとき、一人ひとりのクライアントがそのプログラムを選択し決定できるように支援・促進する」

「レジャー＝楽しむ」ということには「自由に選択できる」ことが不可欠な要素です。自由に選択できるからこそ、"その人らしさ"という尊厳も維持できるのです。オーストラリアのDT教育の中では、よく次のような問いかけをします。

「次の項目で、あなたがチョイスを放棄してもよいものはどれでしょう？」
- その日、何を着るか
- 何時に寝て、何時に起きるか
- 何を食べるか
- 現在の仕事や関心事を継続する
- 選挙に投票する
- あなたの部屋の所有権
- あなたの家族や友人との関係を維持する
- あなたの住む地域から出たり、他地域と交流する
- あなたの財産（財布）の管理
- どのように暮らし、どんな活動に参加するか

日本でもDTの研修や講演会などで参加者にこの問いをしてみると、ほとんどの参加者は「どれも放棄したくない」と答えます。どこでも必ず「選挙の投票は諦めてもよい」が最も多いのは残念なことですが。これらの項目はごく当たり前のこととして自分で選択し決定しているでしょう。ある意味、日常とはこのような無数の選択の積み重ねだともいえます。

ふりかえって、介護施設などに入所している人々はどのくらいこれらの選択を自由にできているでしょうか？ 多くの参加者は「ほとんどできていない」と答えます。おそらく次のような理由によるものでしょう。「安全に暮らしていただくためにはやむをえないこと」「トラブルを防ぐためにはやむ

*8
Gabriel Koop氏：ダイバージョナルセラピストを含む医療、健康分野の専門職養成校としてRedleaf College（現；Redleaf Training and Consultancy）を創設。元学長。日本のDT教育にも貢献。

をえないこと」。介護や看護の現場で必ず掲げられる「入居者（患者）の尊厳」の要素には「安全、安心」が必須であることはもちろんです。

一方、私たちが生きていく中で、加齢による身体機能の低下、認知症、心身の障がいといったさまざまな障壁に行く手を塞がれそうになったとき、多くの人がまず最初に諦めてしまうのが、自由な行動や選択なのかもしれません。介護や看護の現場で働く人たちは、その現実を目の当たりにしてきたはずです。そしてその「諦め」がその人のわずかに残された活力を奪い、QOLを低下させていくことも知っています。

また戦前に生まれ育った現在の高齢者にとって「選択と自由の権利」といった言葉は、生きてこられた社会的背景からも生活習慣からも、少し縁遠く感じられるかもしれません。「嫁しては家に、老いては子に従え」と諭された世代でもあります。

介護を受けるという環境の中で、あまり強い要求として顕在化してこなかったために、これまで介護現場における「チョイス」は見過ごされてきたのではないでしょうか。福祉や介護における「尊厳」の要素に、自らの意思による「チョイス」の機会がもてるということが必須だということを、もっと真剣に考えたいものです。

「どの色が好き？」DTではレクリエーションの中に必ずチョイスの機会を作る（橋本病院／香川県）。

2　ダイバージョナルセラピーにおけるチョイスの実践

ただここで考慮しなければならないのは、そのようなチョイスを行動として自分でコントロールすることが困難になっているとき、その人が「望むこと」と「できること」のバランス、その人の要求と施設や社会が提供できることのバランスを考える必要が出てきます。それらを調整しながら、いかに個人の満足を実現していくのかダイバージョナルセラピストの腕のみせどころでもあり、最もチョイスを楽しめるのが、レジャーやレクリエーションの場面だということができます。

ダイバージョナルセラピーの実践の中では、どのようなプログラムにも何らかの「チョイス」の要素が組み込まれます。それはレクリエーションの場だけでなく、日常生活においても同じです。

レクリエーションや日常生活の中に「チョイス」を導入することで、どのような変化がみられたのか、ダイバージョナルセラピー（DT）ワーカー[*9]の事例発表の中から2つの事例を紹介しましょう。

*9
DTワーカー
日豪のDT協会により共同認定されたダイバージョナルセラピーの実践者（39頁）。

❶ ボールのチョイス
（古賀多恵氏：認知症対応型デイサービス からたち／福岡県）

施設では、よく色とりどりの小さなボールを使ったゲームをする。今まではただ何となく配っていたが、チョイスを取り入れようと、参加者に好きな色のボールを自分で取ってもらうことにした。すると、ボールを選ぶところからワイワイ、ガヤガヤと会話が始まり、参加者がいつもより積極的にゲームに参加するようになった。このことがきっかけで、同施設ではレクリエーションだけでなく、おやつや食事の場所（時々屋外で）など、さまざまな場面でチョイスを取り入れてきた。このような小さな実践から、「チョイス」が人としての尊厳につながる大きな要素であることを実感した。

❷ お手拭きのチョイス（土門三生子氏：デイサービス倖／秋田県）

食事の前に「お手拭き」を配る。従来は全部同じ白いタオルの手拭きを、ただテーブルの上に置いて回るといった作業だったが、色柄さまざまなタオルを用意してトレーに載せ、「お手拭きをどうぞ」と声をかけながら差し出し、自分で手に取ってもらうようにしてみたところ、利用者があれこれ迷いながら笑顔を見せることが多くなった。その中で必ず黄色のタオルを取る男性利用者がいた。ある日、黄色が見えないようにして「どうぞ」と差し出してみたら、その利用者は、タオルの山を崩して下のほうに埋めてあった黄色いタオルを取り出した。「この方が黄色を取っていたのは偶然ではなく、好みの意思表示だったのだ」ということに職員らは気づいた。

このように日常のちょっとした習慣の中にも、チョイスの要素を入れることで、一人ひとりの楽しみや自己表現につながっていくものです。ただあてがわれるだけでは何も考えず、自発的な行動も伴わない。食事もレクリエーションも、毎日がその繰り返しだけだったら、脳は何の刺激も与えられずその機能を低下させていくでしょう。

片岡洋祐氏 *10 は、DTワーカー養成講座の「認知症への理解〜脳科学の視点から〜」の中で、「人がリンゴを見て、食べたいと思い、手に取って口に入れるまでの間に、どれほど多くの脳細胞を使っているか」ということを動画にして見せています。日々の生活の中にチョイスという刺激があるからこそ、迷ったり考えたり、体も動くのです。もし、そのような機会がないとしたら、私たちは「手厚い介護」の名のもとに、身体機能や認知機能の低下を自ら招いてしまっているとはいえないでしょうか？

生活の中に「チョイス」を取り入れる。この簡単な積み重ねの意義を見直したいものです。

---

*10
片岡洋祐氏：国立研究開発法人理化学研究所細胞機能イメージング評価研究チーム・チームリーダー（DT café「ダイバージョナルセラピストの仕事は楽しい?!」36頁）

ヒント　チョイスのコツ

　「チョイスが大切」ということで、レクリエーションを実施しようとするとき、プログラムをたくさん用意しさえすればよいのでしょうか？

　「今日はＡとＢとＣのレクリエーションがあります。さあ、あなたはどれに参加しますか？」と、参加の機会が多様になれば、自ら興味のあることを選び「主体的に参加する」という、本来のレジャー体験が生まれてくることは確かです。

　しかし、ここで考えなければならないのは、自由や選択の権利を行使したり意思表示をしたりするためには、相応のエネルギーを必要とするということです。ダイバージョナルセラピーの対象となる人の多くは何らかの理由で、自力だけでは日常生活を送ることが困難になっていることが考えられます。また前述のように、日本の高齢者の中には、自分の楽しみを選ぶといった行為になじんでいない人も多く、いわゆる「遠慮」という感覚もあるでしょう。

　そのような声なき声に気づき、手を差し伸べるため、DTではその人に応じたチョイスの方法や場面設定を考えます。明確に意思表示できる人には「どれが好きですか？」「どれに参加したいですか？」と問いかけ「自分で選んだ好きなことに参加している」という満足感をもてるようにします。

　判断ができにくい、言葉が話せない、行動性が低下している･･･という人には選択肢を少なくしたり、さらにコミュニケーションのとりにくい場合は、クライアントのかすかな表情に注意しながら、「あなたには、これが気に入ってもらえると思いますが、どうかしら？」「私はこれが好きなんだけど、あなたは？」などといった柔らかく推薦するような言葉を添えて誘ってみることも、自分の好みに配慮され"チョイスした"という気分になっていただくという効果は期待できます。

　通所であれ入所であれ、食事、排せつ、入浴といった場面ではどうしても受け身になりがちな利用者が、自らの意志や感情を最も素直に表現しやすいレクリエーションの中にこそチョイスのチャンスがある…と考えると、「何のためにレクリエーションをするのか？」がみえてくるのではないでしょうか。

　もう一つ注意しなければならないのは、うつ傾向のある人の場合です。このような人に対して、あえてチョイスを求めると負担になることもあります。ダイバージョナルセラピストは一人ひとりの医療的な症状なども把握しておく必要があります。

4 コミュニケーション（Communication）

1 ケアの職場におけるコミュニケーション

　2006年に策定されたオーストラリアDT協会の「ダイバージョナルセラピー養成基準カリキュラム（National Minimum Course Standarts）」では、コミュニケーションについてはProfessional Skills and Competencies（専門的技術と能力）という科目の重要なカテゴリーをなしています。その講義内容は次のようなもので、ここからケアの現場におけるコミュニケーションとは何か。何のためにコミュニケートするのかがみえてきます。

　その項目には、

- 効果的な話し方と聞き方
- コミュニケーションに障がいを与える要素
- 言い争いの管理と解決能力
- 深い悲しみや喪失感への援助
- 言い換えや相互の聞き取りのための表現技術

といった主にクライアントに対するコミュニケーション技術に関するものと、

- 職場におけるチームワーク
- リーダーシップとコミュニケーション能力
- ボランティアや地域とのネットワーキング
- 会議におけるコミュニケーション能力
- 文書によるコミュニケーション能力
- ストレスマネジメント

など業務遂行のためのコミュニケーション技術に関するものがあります。

　ダイバージョナルセラピストがダイバージョナルセラピーを実践するプロセスで、クライアントのさまざまな障がいや制限に配慮しながらニーズに応えて、その人のQOLに貢献するためには、医師、看護師、栄養士、事務関係者、患者の家族、地域の人々、行政関係者、ボランティアなど、実に多様な人々との信頼・協力関係を築いて、問題を解決したり適切な情報を得るといった交流や交渉が必要となり、そのコミュニケーション能力が問われることがわかります。

　日本DT協会が主催するDTワーカー養成講座でも「コミュニケーションの理論と多様な実践」（41頁）という科目があり、自分の行動や態度、考

え方のスタイルを知るためのワークや、グループにおける会話のあり方を学んだり、異なる意見をどう集約していくかを体験するグループ演習などが組まれています。養成講座講師の水野基樹氏 *11 は、「一般的に業務上のミスの約7割は、コミュニケーションの欠如や誤りによるヒューマンエラーが原因である」といいます。介護の現場で意外と見落とされやすい"職場内のコミュニケーション"について、ダイバージョナルセラピーを推進していくうえでも、改めて考えてみる必要がありそうです。

> *11
> 水野基樹氏：順天堂大学スポーツ健康科学部准教授。組織開発の理論や技法に基づいた実践的なコミュニケーション教育を展開。

2　ダイバージョナルセラピーにおけるコミュニケーション

❶ コミュニケーションが困難なクライアントに対して

次に、対クライアントのコミュニケーションについて考えます。ダイバージョナルセラピーの対象となるクライアントは認知症を伴っていたり、言語や聴覚、視覚に障がいを伴うためコミュニケーションの困難な人が多くなります。

認知症を伴う人の行動・心理症状（BPSD）、失語症や難聴の人の引きこもりや意欲の喪失などの原因を探ってみると、職員や周囲の人とのコミュニケーションがスムーズでなかったり、欠如している場合が多くみられます。

明るく冗談も通じるような入居者や、反対に介護に抵抗したり大声を出すなどの問題を抱えた人とのかかわりは多くなるけれども、さして問題なく過ごしている人、話しかけても反応のない人、静かに寝たきりの人とは、介護の作業にあたるとき以外ほとんど交流がないといった場合もあります。コミュニケーションは、意識して行動しないと日常の作業に流され、ただ黙々と業務をこなすといった勤務スタイルになってしまいがちです。

ここで、Ian Platell 氏 *12 が挙げる「コミュニケーションのバリア」を紹介します。コミュニケーションの妨げになるものとは、

　①偏見
　②ステレオタイプ化する（先入観や固定観念で捉える）
　③個をみないで一般化する
　④自分の考えに反することは無視する
　⑤相手の言うことに傾注しない
　⑥相手を見下す（相手が伝えようとしていることに取り合わない）
　⑦勝手に推測、期待する
　⑧年齢や経験の差（上司と部下、若者と高齢者など）にこだわる

コミュニケーションのバリアは、視覚障がいや難聴でも、言葉が思うよ

> *12
> Ian Platell 氏：オーストラリア・クインズランド州立プリンセス・アレクサンダー病院の精神科高齢者ユニットで働くダイバージョナルセラピスト（77頁）。

うに話せないことでもなく、私たち自身の考え方や感性の中にあるのだとPlatell氏はいいます。

　一つの象徴的な事例を紹介しましょう。

❷ 事例 失語症のMさん

　ある介護老人保健施設で、一人の男性入居者について助言を求められました。担当の介護職員Aさんの相談はこうでした。「Mさんはウェルニッケ失語症 ＊13 のため意味のある会話ができず、コミュニケーションに困っています」。Mさんは、

- 県庁に長く勤め農業関係の仕事をしていた
- 園芸が好き

ということでした。この2つの情報から、Mさんとコミュニケートする手がかりとしては園芸が考えられます。しかし、Mさんが入所しているフロアにもベランダにも園芸的環境は皆無でした。そこで筆者はMさんを屋外に連れ出すことを提案してみました。敷地内にはさまざまな樹木が植えられ、小さな畑もあります。職員Aさんも一緒に3人で、Mさんにとっては久々の"外出"となりました。

　季節がらフロアには7段の雛飾りがしつらえられていました。

筆　者「もうお雛さんの季節なんですね」

Mさん「うん」（うなずき、かすかに笑み）

筆　者「Mさんは女のお子さんがいらっしゃったの？」

Mさん「うん」（うなずき、笑顔）

筆　者「あかりをつけましょ　ぼんぼりに……♪」

　Mさんは筆者が口ずさむ歌に合わせて口を動かし、かすかに歌っています。玄関先のプランターで育てられているブロッコリーを見に行きましたが、なんと刈り取られたあとでした。Mさんはその切り口を指で何度も撫でています。

筆　者「残念でしたねえ。でも残っている小さな房も食べられるかしら？」

Mさん「うん、うん」（うなずき）

　それから、Mさんと肩を並べるように歩きながら、あれは桜？　これは梅？　あらまあ、もうつぼみが膨らんでるわ。これは少しいいにおいがしますね…など、筆者がゆっくり話しかけながら、Mさんの興味のありそうなものをたどって歩きました。確かにMさんからは、明瞭な言葉は聞かれませんでしたが、筆者の言葉には「うん」「ああ」と答えてくれて、何か説明しようとさえしました。その言葉は聞き取れませんでしたが、推察しながら笑顔で応え、筆者なりの解釈で"Mさんの言わんとすることを言葉にしてみる"といったことを繰り返していると、Mさんは次第に自分から植物に

＊13
ウェルニッケ失語症
脳梗塞などにより、左脳に存在するウェルニッケ野という部分が損傷することによって起こる失語症の一種。主な特徴は、言葉が理解できなくなる、話す言葉の脈絡が崩れてしまうなど。

手を出すようになり、気がつくと筆者の前を歩いていました。

　20分ほどの散歩でしたが、Mさんと筆者は樹木や花に触れながら何の支障もなく楽しいひと時を過ごしました。フロアに帰ってきたMさんの表情は、職員たちも驚くほど生き生きしていました。同行した職員Aさんの感想は「好きなことはけっこうしゃべれるんですね」。

　このことがきっかけとなり、職員Aさんのフロアではさんだけでなく、できるだけ多くの入所者に計画的、継続的に"散歩"を導入していくことになりました。そして、Aさんたち職員には次のような気づきがありました。

- 入所時のカルテ情報から、Mさんが「ウェルニッケ失語症」であるという認識をもち、「この人は言葉が理解できない」というレッテルを貼ってしまっていたのではないだろうか（ステレオタイプ化）
- Mさんが正しく言葉を話せないので、職員の言うことも理解できない。だから会話が成り立たないと思い込んでいた（偏見）
- Mさんが園芸好きなことを知っていたが、フロアにその設備がない。対応できないことはしようとしなかった（無視）
- 雛飾りに男性のクライアントが興味をもつとは思わなかった（年齢や経験の差）

　私たちは知らず知らずのうちに、このようなコミュニケーションのズレを生じていないでしょうか。またこのような経験から、ダイバージョナルセラピー的アプローチとはどういうことかを考えることができます。

- 小さな反応を見逃さない（男性であるMさんは雛人形に父親としての感慨があった）
- 場面の転換を図る（コミュニケーションのきっかけを作るために歩いたり、車椅子移動でもよいので、屋外に出るなど環境を変えてみる）
- ささいな行動からも、その人の言葉や気持ちを連想する（Mさんが指でブロッコリーの切り口を撫でたのはなぜか？　同行者に寄りかかるように歩いていたMさんが、なぜ前を歩くようになったのか？）

❸ 感性によるコミュニケーション

　ダイバージョナルセラピーでは"Sensory Stimulation"という言葉をよく使います。感性への刺激（働きかけ）といった意味です。感性によるコミュニケーションといえます。

　ダイバージョナルセラピーでいう「感性」については「ライフスタイル」の項（18頁）でも述べましたが、認知症の進行やさまざまな疾患、視覚や聴覚の障がいによって活動性が低下していっても、感性のその人らしさは失われるものではありません。聞き覚え、歌った記憶のある歌を共に聞いたり歌ったりする。色とりどりの花の香りを楽しみ共に愛でる。好きな食べ物を

共に味わう。冷たい雪、温かい湯たんぽ、ふわふわのぬいぐるみ、覚えのある布の触り心地…など記憶にある感触を共に楽しむ。こういったことによって、「懐かしい」「きれい」「楽しい」「美味しい」「気持ちいい」などクライアントと同じ感情を共有することによるコミュニケーションが成り立っていきます。

一方、言葉によるコミュニケーションの困難な高齢者や認知症を伴う人同士が全くふれあいをもっていないかというと、そんなことはありません。見事に心を通い合わせている場面をよく見かけます。右の写真はレクリエーションの後のひとこまですが、このような「共感」や「思いやり」といった「感情によるコミュニケーション」が成り立つことを教えてくれています。

このようにダイバージョナルセラピーでは、非言語的コミュニケーションが重要な要素であり、感性も含めて多様なコミュニケーションを試みる必要があります。目を合わせるアイコンタクト、スキンシップやタッチ、スマイル、うなずきなどがそれにあたりますが、いずれも、いかに相手の感覚や生活感に沿う形で行うかが、コミュニケーション成否の鍵となります。

入居者同士のコミュニケーションを大切に（特定施設のんびり村今津/山口県）。

また、その人、その場面に応じたパーソナルスペース（距離感）があり、必要に応じて沈黙も必要です。特に相手が高齢者や認知症を伴う場合、その人なりに理解して話し出すまで、ゆっくり待つことです。反対に「それで…？」とか「それはおもしろい！」などと相槌を打って話を促すという方法もあります。

「ミラーリング」というのは、無意識のうちに相手と同じ表情や動作をすることをいいます。こちらが笑顔で接すれば、相手の顔もほころびます。SONASセッション（第2部第3章87頁）などで進行役が歌に合わせて踊ると、参加者も覚えているわけではないのに一緒に体を動かします。こうして楽しいという気持ちを通わせることができます。反対に、クライアントと同じ表情や動作をすることで、安心感を与えられたり、仲間として受け入れてもらえるということもあります。言葉が明瞭でない人が脈絡なく話しかけてこられたとき、わずかでもその中から聞き取れる言葉や具体的な名前などを復唱したり手の動きや表情を真似することによって、気持ちが通じ合うことも多くあります。

SONASセッションで、プレーヤー（進行役）一人ひとりと目線を合わせて歌いながら、フラの手ぶりをすると、参加者も思わず同じ動作を…。ミラーリングと楽しい気分がコミュニケーションを生み出している（橋本病院/香川県）。

ダイバージョナルセラピーにおけるコミュニケーションは「正しく伝える」より「楽しく伝える」ことに留意しましょう。

訪問したオーストラリアのLinda Martin氏やGabriel Koop氏と丁寧に挨拶を交わす患者（同）。

第3章 ダイバージョナルセラピストの専門性と活動分野

1 ダイバージョナルセラピストの役割と専門性

1 ダイバージョナルセラピストの役割

「ダイバージョナルセラピストの活動分野」(37頁)で述べるように、介護、医療、リハビリテーションなど多様な分野で活動するダイバージョナルセラピストは、それぞれの現場でどのような役割を担っているのでしょうか。オーストラリアDT協会（DTA）は、"What is Diversional Therapy?"の中で次のように記しています。

「ダイバージョナルセラピストは、個人が自らの自尊心と自己実現を促進するレジャーやレクリエーション活動において、一人ひとりがその参加を選択できる機会を提供する。ダイバージョナルセラピストは、レクリエーショナルプログラムを開発、運営するとき、一人ひとりの選択と決定と参加を援助・促進する」 *1

この文章から読み取れることは、まずレジャーやレクリエーション活動は「個人が自らの自尊心や自己実現を促進するため」のものだということ。そのようなレジャーやレクリエーション活動であるためには、「個人がどれに、どのように参加するのかを自分で選択し、決定できるような機会をもつ必要がある。それを促進し援助するのがダイバージョナルセラピストの役割である」ということです。

そのためにダイバージョナルセラピストは、一人ひとりのクライアントにダイバージョナルセラピー独自のアセスメントを実施して、その人のニーズや希望を探り、目的に応じたプログラムを計画し、実施し事後の評価を行います。このようなダイバージョナルセラピーのプロセスについては第2部第1章「ダイバージョナルセラピーの実践プロセス」（44頁）で述べますが、これらのプログラムは一方的に提供されるのではなく、クライアント本人が自分で選び、自ら参加したいと思えるように援助しなければ意味がないというわけです。

*1
〈原文〉The Diversional Therapist provides opportunities where individuals may choose to participate in leisure and recreation activities which promote self esteem and personal fulfillment. The Diversional Therapist facilitates individual client choice, decision making and participation when developing and managing recreational programmes.

次に、オーストラリアの高齢者施設や病院などにおける「職場での役割」についてみてみます。

オーストラリアの高齢者入居施設などに行くと、さまざまな職種のスタッフが、お互いに独立した専門職として独自の領域をもって働いているのがわかります。それは、クライアントを中心とした図3のようなチームケアが徹底されているからですが、ダイバージョナルセラピストは、その構成員の一員なのです。また、1～2人のダイバージョナルセラピストと数人のDTアシスタントによるDT部門が設けられている施設もあります。

一見、多職種がバラバラに動いているようですが、同じ理念を共有しながら、専門のスキルを生かして効率よく入居者のQOLに貢献しようとしているのです。そのベースとなっているのが「権利憲章」であり「高齢者介護基準監査」です。ある入居施設で、職員トイレにまでこの監査の44項目（図1、6頁）が図式化されて貼ってあるのを見たことがあります。

このような背景のもと、専門職として働くオーストラリアのダイバージョナルセラピストはクライアントに対して、次のような役割を担っています。

❶ 新しい入居者へのDTアセスメントの実施と全入居者に対して定期的にアセスメントの再検討を行う（3カ月に1回程度）

DTアセスメントに関しては第2部で詳しく述べますが、一般にオーストラリアの高齢者介護施設では入居時に、Mental（精神）、Behavior（行動）、Medical（医療）などのカテゴリーにおける12項目のアセスメント（Aged Care Funding Instrument：ACFI）によって介護のニーズが診査され、そのデータによって政府の補助金が決定されます。これを担当するのは看護師で、ダイバージョナルセラピストは別途、レジャー＆ライフスタイルのアセ

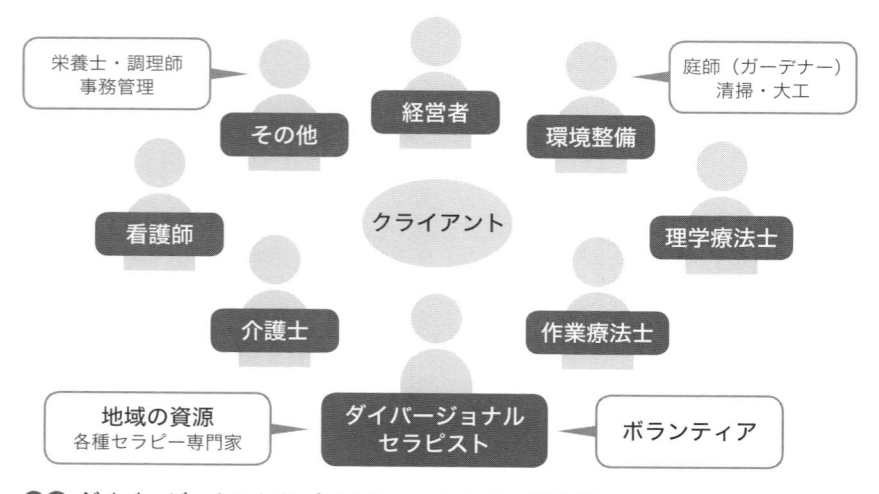

図3 ダイバージョナルセラピストはチームケアの構成員

スメントを行います。このドキュメンテーション（記録）は、前述の高齢者介護基準監査で施設評価の対象となります。

❷ DTアセスメントから個人のニーズを抽出し、それに応えて一人ひとりのレジャープログラムを計画し、実施する

アセスメントをもとに、各個人のレジャープログラムを作成しますが、それらは職員と1対1、あるいは入居者が一人で行うものから、グループで行われるアクティビティ、さらに音楽療法やアロマセラピーなど各種のセラピーまで、多様な形態のレジャーを個人の要望やニーズに応じてコーディネートします。また日本でもよく開催されている年中行事や国民的な記念日など、施設における大小のイベントの計画、運営もほとんどダイバージョナルセラピストの役割となります。

❸ ボランティアのアレンジとコーディネート

DTプログラムの実施にあたっては、地域の資源としてボランティアは重要な人材であり、ほとんどの施設ではダイバージョナルセラピストが窓口となりコーディネートの役割を担っています。また、その活動が有効な成果をもたらすようにリスク管理やボランティアへの教育もダイバージョナルセラピストの仕事とされています。

❹ 個人に対してレジャーのカウンセリングを行い、場合によっては職員や家族、入居者への「レジャー教育」を行う

いかに"楽しみ上手"なオーストラリア人といえども、他国から移住してきたり、開拓者として働いてきた人の多い今の高齢者世代やその家族、職員でさえもレジャーの重要性を理解していない場合があります。そのため適宜、ダイバージョナルセラピストによるレジャーに関する啓発的な研修として"Leisure Education"が行われています。

❺ 各個人が自分のプログラムを選択できるように支援し、レジャーに参加することによって自己実現や自尊の機会を得られるように援助・促進する

ダイバージョナルセラピーは、単にレジャーやアクティビティを提供するだけではありません。さまざまなニーズや障がいを伴ったクライアントが最大限、自ら選択し決定できるように工夫し、援助することはダイバージョナルセラピストの重要な役割です。

❻ アセスメント〜プランニング〜実施〜評価のプロセスを管理し記録する

オーストラリアの介護全般において、ドキュメンテーションは、クライアントへの質の高いケアを提供するためであることはもちろん、高齢者介護基準監査においてよい評価を得るためにも不可欠な要素です。評価項目の基準3「入居者のライフスタイル」の、特に第7項（レジャーやアクティビティ）、第8項（文化的背景などに関する項目）に関するドキュメンテーションを

作成することは、ダイバージョナルセラピストの重要な役割です。

❼ ダイバージョナルセラピー部門としての予算計上と管理

　ダイバージョナルセラピーを実施するにあたって必要な予算を立て、マネジメントすることもダイバージョナルセラピストの仕事です。必要に応じてバザーや地域に公開したイベントを実施してファンドレージング（寄付集め）なども行い、その活動そのものが一つのDTプログラムともなります。

❽「DTカレンダー」を作成して掲示する

　施設を訪問すると、必ず目につくところに、1カ月のDTプログラムを記入したDTカレンダーが掲示されています。入居者がチョイスし主体的に参加するためのツールでもあるので、イラストやカラーを工夫して、いかにわかりやすく楽しそうな表現ができるか、ダイバージョナルセラピストの腕のみせどころです。

❾ 施設内のニュースレターなどを作成する

　多くの施設では定期的に、入居者や家族、地域に向けてのニュースレターを発行していますが、内容的には外出やピクニック、さまざまなイベントなどダイバージョナルセラピー関連の記事が多く、その作成もダイバージョナルセラピストの役割となっているところが多くなっています。

　このような多様な役割は、法人や施設によって多少異なる場合もありますが、ダイバージョナルセラピストの守備範囲は実に広いといえます。ある入居施設の施設長は「職員の中で一番忙しく精神的負担が大きいのはダイバージョナルセラピストだ」といいます。また、クライアントとの接触が多く、楽しい場面やリラックスした状態でのコミュニケーションがとれるため「クライアントが最も苦情や悩みを打ち明けやすい人」として、ダイバージョナルセラピストは、本人や家族へのカウンセリングや権利擁護の役割も担っているといわれています。

ダイバージョナルセラピストの仕事は楽しい?! ——❸

図❹は、オーストラリアのクインズランド工科大学（QUT）とラトローブ大学、そしてオーストラリアDT協会（ニューサウスウェルズ州）の共同研究による、500人のダイバージョナルセラピストの意識調査のデータの一つで、彼らの職場における満足度を示すものです。2009年6月に開催されたオーストラリアDT協会 National Conference の基調講演として、QUTの Ian Lings 氏により発表されました。

Lings 氏は、職場における満足の要素として、コミュニケーション、給与・報酬、仕事の楽しさ、仕事の負担を挙げています。彼は雇用やマーケティングを専門とする経済学者で、同様の調査をさまざまな職種に対して行っていますが、このような結果はダイバージョナルセラピスト以外にはあまりみられないものだといいます。給料や仕事の負担の重さには非常に不満であるのに対し、仕事の楽しさへの満足度は群を抜いて高い。そしてコミュニケーションに対してもかなりの満足度をもっています。

ダイバージョナルセラピーの仕事は、「仕事の負担の割には給料が安い」と認識されながらも、多職種と盛んにコミュニケーションをとりながら、やりがいをもって楽しんで働いている様子がうかがえます。

Ian Lings 氏：クインズランド工科大学ビジネス学部教授。広告・マーケティング&広報活動学科・学科長。

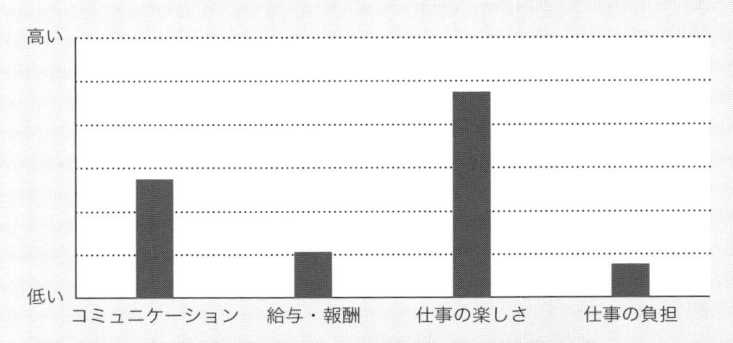

図❹ ダイバージョナルセラピストの職場における満足度

ダイバージョナルセラピストの仕事は楽しい?! ❹

日本でも、理化学研究所の片岡洋祐氏によって、ダイバージョナルセラピーの実践による介護職員の「気分の変化」についての研究が進められています。片岡氏が開発した「KOKOROスケール」*を用いて、DTプログラム（SONASセッション）の実施前後1週間に職員の気分がどのように変化するかを、日常行っている介護業務の種類別に定量的にデータ解析しようとするもので、2016年5月に開催された「日本疲労学会」で発表されました。それによると実施前は不安があったり、やる気がマイナス方向だった入浴や排せつのケア、夜勤や会話などにも、実施後は「安心感」や「やる気」が増進する傾向がみられました。高齢者や認知症を伴う人が季節感や生活感を実感できるように五感への働きかけを組み込み、普段は取りにくいとされる1対1コミュニケーションを密にできるSONASなどのプログラムを、準備、実践することで、介護職員にもポジティブな心地よい影響をもたらすのではないかと考えられます。片岡氏は発表の中で「このようなデータから高齢者へのさまざまな働きかけが介護者のストレスや疲労を軽減できる可能性があることを意味している」と述べています。

片岡洋祐氏：理化学研究所 ライフサイエンス技術基盤研究センター、細胞機能評価研究チーム チームリーダー。

* 「KOKOROスケール」：スマートフォンなどの端末機にインストールして用いるアプリケーションで、被験者自らがそのときの気分を2次元座標で作られた空間内にタッチすることによってデータ化され、解析が行われる。

2 ダイバージョナルセラピストの専門性

オーストラリアDT協会は、「専門的な教育とトレーニングを通して、ダイバージョナルセラピストは、保健部門と地域のレジャー設定に適用できる幅広い技能と知識を有する」として、ダイバージョナルセラピストの専門性 "Skills and Knowledge" について次のように挙げています。

- レジャーにおけるカウンセリングと教育
- クライアントのニーズと能力に関連するレジャーのアセスメント
- 個人のための個別プログラムの作成
- クライアントが選択や決定を行うための促進・援助（facilitate）
- 個人とグループのためのプログラムの開発

- ライフスタイルのマネジメント
- クリエイティブで表現に富むレクリエーション
- アクティビティの分析と修正、変更
- クライアントへの専門的実践とそれに関する記録
- 入居者のQOLの「改善と評価」の継続
- アシスタントやボランティアへの指導と促進・援助
- ヘルスプロモーション
- 介護分野における包括的なマネジメント
- チームワークとグループワークの計画、運営

　一人のクライアントが何らかのニーズをもって生きていくとき、医療、看護、食事・排せつ・入浴などの援助を含む総合的な介護、身体の機能訓練など、多岐にわたるケアの要素が必要となり、それぞれに専門職が存在します。その中で「楽しく生きる」ための専門性を追求するのが、ダイバージョナルセラピーだといえます。

　「ダイバージョナルセラピーのように、レクリエーション（楽しむこと）を通して"生活の活性化"や"個人の再発見"を行うことで、介護の質の向上を図ることができます。そのためには、ダイバージョナルセラピーなどは介護・援助の一部としてではなく、専門的な人材育成やプログラム開発、組織的な取り組みなど、独立した隣接領域として位置づけられなければならない」と、DTワーカー養成講座の講師でもある松山毅氏 [*2] は、その講義の中で説いています。

*2
松山毅氏：順天堂大学スポーツ健康科学部准教授。研究分野は社会福祉学、地域福祉など。

2　ダイバージョナルセラピストの活動分野

1　オーストラリアにおけるダイバージョナルセラピストの多様な活動分野

　オーストラリアでも日本でも、ダイバージョナルセラピーが最も広く活用されているのは高齢者ケアの分野ですが、オーストラリアDT協会は「ダイバージョナルセラピーはあらゆる世代に適用され、その雇用エリアと実践の機会は拡大し続けている」と表明しており、次のような分野でダイバージョナルセラピストが雇用されています。

- 高齢者介護入居施設
- リハビリテーション施設および病院

- コミュニティセンター
- 通所および短期入所施設（Respite Services）
- 民族的特定サービス（Ethnic Specific Services）
- 緩和ケアの在宅訪問プログラム
- 緩和ケア病棟
- 精神保健サービス（精神科クリニック、精神科病棟など）
- 児童施設
- 厚生施設（刑務所など）
- DTコンサルタント
- 介護施設のマネジメント部門

2　ニュージーランドにおけるダイバージョナルセラピー

　ここで、もう1カ国、ダイバージョナルセラピストが専門職として活躍しているニュージーランドについて述べておきます。ニュージーランドの高齢化率は14.3％（2014年）でオーストラリアの14.6％とほぼ同じといえます。

　ニュージーランドでは1980年頃から高齢者介護の分野でダイバージョナルセラピーの活動が始まり、教育や組織化に関する検討が行われてきました。そして1992年に正式にIncorporated Society（法人組織）として登録され、New Zealand Society of Diversional Therapists（ニュージーランドDT協会、NZSDT）が発足しました。2000年にはニュージーランド資格認定機関によってNational Certificate（国家資格）の認定を得ました。

　ニュージーランドDT協会もオーストラリアDT協会と同じ"ビジョン"（4頁）を掲げていますが、両国が連携してダイバージョナルセラピーを推進してきたかというと、交流はありつつも、それぞれ独自の歩みをしてきたというのが実状のようです。2015年8月にオークランドで開催されたニュージーランドDT協会のNational Conference（全国年次大会）にスピーカーとしてオーストラリアDT協会と日本DT協会の両理事長（Louise Absalon氏と筆者）が招聘され、そこで初めてオーストラリア、ニュージーランド、日本の3カ国の長が一堂に会しました。

　ニュージーランドDT協会のMary Gracie会長は、筆者のプレゼンテーションの後、「遠く離れた日本でもユニークなダイバージョナルセラピーが実践されていることにたいへん興味をもった。これからは日

*3
ニュージーランド
オーストラリアの南東約2,000キロに位置する人口470万人の島国。オーストラリア同様、英国を盟主国とする立憲君主制国家。

2015年8月、ニュージーランドDT協会全国年次大会で会した各DT協会理事長。左から、筆者（日本）、Mary Gracie氏（ニュージーランド）、Louise Absalon氏（オーストラリア）。

本とも交流を深めていきたい」と述べ、オーストラリア DT 協会の Louise Absalon 会長も、「今年のオーストラリア DT 協会の大きな活動の一つは、国際的な取り組みといえます。ニュージーランド、日本との関係は今後ますます発展していくことでしょう」とスピーチしました。

このニュージーランド DT 協会全国年次大会には 130 人の会員が出席しましたが、日本の人口に換算すると 3,600 人規模の専門職（資格取得途上のアシスタントレベルの人も含めて）の集まりということになります。ニュージーランドのダイバージョナルセラピスト養成は主に専門学校で行われており、3 年のコース履修と現場経験 2 年を修了してはじめて正式にダイバージョナルセラピストとして認定されますが、ニュージーランド DT 協会の会員約 600 人に対して、その数は 260 人ほどだといいます。その活動分野はオーストラリアとほぼ同じですが、高齢者施設や病院が主たる職場となっています。

3　日本におけるダイバージョナルセラピーの発展とダイバージョナルセラピーワーカーの養成

筆者とオーストラリアのダイバージョナルセラピーの交流は、1997 年に筆者がオーストラリアの高齢者福祉の取材を始めたことがきっかけですが、2002 年 1 月にはクインズランド州 DT 協会の会員として迎え入れられることとなり、会長の Vickie Kimlin 氏、ダイバージョナルセラピストの Ian Platell 氏、当時 TAFE（州立高等専門学校）の教員だった Peggy Skehan 氏などの指導を得て、少しずつ日本に伝えることができるようになりました。

Vickie Kimlin 氏（左）と Ian Platell 氏（右）。

そして、2002 年 12 月には大阪府の認証を得て、特定非営利活動法人として日本ダイバージョナルセラピー協会（Diversional Therapy Association of Japan：DTAJ）が設立され、初代理事長には当時、関西福祉科学大学教授だった渡辺義久氏が就任。「DT 1day セミナー」「DT 講座ステップ 1」などダイバージョナルセラピーの普及に向けた活動が本格的に始まりました。2006 年 6 月から筆者が理事長となり現在に至っています。

この間、2007 年にタスマニア州ホバートで開催されたオーストラリア DT 協会の National Conference において日豪の DT 協会が「覚え書」を交わし、オーストラリア DT 協会は日本 DT 協会を日本におけるダイバージョナルセラピー実践者の養成と認定機関であると

日豪のダイバージョナルセラピーの交流について「Memorandum of Understanding（覚え書）」を交わす筆者と Vanessa Ogborne 理事長（右）。2007 年 6 月、ホバートにて。

認め、その推進への協力を約束しました。

こうして日本DT協会が主催する「ダイバージョナルセラピーワーカー養成講座」が開講したのです。日本DT協会ではダイバージョナルセラピーワーカー（DTW）を「介護、医療、福祉の分野にあって、それぞれの専門性をもったうえでレジャー＆ライフスタイルへのより深く総合的な支援としてダイバージョナルセラピーのスキルを活用できる全人ケアの実践者」と定義しています。受講時間が48時間でオーストラリアDT協会の基準に満たないため、名称はセラピストではなく「ダイバージョナルセラピーワーカー」（以下、DTワーカー）としました。

オーストラリアDT協会では今後の発展への期待も込めて、DTワーカーを「日本におけるダイバージョナルセラピーの初歩的な資格」として認め、日本DT協会との共同認定資格としています。2008年1月に第1期を開講して以来、東京、大阪、熊本、札幌で開講し、2015年12月現在、第11期を終了して延べ347人をDTワーカーとして認定しています。

カリキュラムは、2006年にオーストラリアDT協会が策定した「DTA-ANC National Minimum Course Standards」に基づき、先のクインズランド州の3人のダイバージョナルセラピストともとDTAANC理事長Linda Martin氏の助言を得て筆者が原案を作成、48時間の講座にまとめたものです。その後、より有効なカリキュラムとするため日本DT協会において一部改訂が行われ、現在に至っています。講座のカリキュラムは表❷のようになっています。これらのすべての講座を受講（3年間の猶予）した受講生を対象に認定試験が行われ、DTワーカーが認定されます。また、DTワーカーの所持する基礎資格は2016年1月（第11期修了）時点で、介護福祉士が最も多く157名、次いで看護師82名、介護職員初任者研修修了者（ホームヘルパー含む）71名のほか、社会福祉士、作業療法士、理学療法士、教員資格者などとなっています（複数回答有）。

オーストラリアやニュージーランドのような専門職への道はまだまだ厳しいと思われますが、現場の実践は着実に広がり、深められていっています。現在、DTワーカーは、下記のような施設、病院、機関などで活躍しています。その実際については第2部で述べることとします。

- 介護老人保健施設
- グループホーム
- 特別養護老人ホーム
- 地域密着型特定施設
- 通所介護（デイサービス、デイケア）
- 有料老人ホーム

- 認知症専門病棟
- 病院（精神科、一般・療養型病棟、透析クリニック）
- 教育（大学、専門学校）
- 福祉用具関連分野

表❷ ダイバージョナルセラピーワーカー養成講座カリキュラム

講座名
オリエンテーション
ダイバージョナルセラピーとはⅠ（DT原論と概論）
ダイバージョナルセラピーとはⅡ（DTの実践プロセス）
ヘルスプロモーション～生涯健康・健康社会づくり
DTにおける福祉マインド実践論
DTにおけるレジャー＆ライフスタイル
コミュニケーションの理論と多様な実践
認知症への理解～脳科学の視点で～
認知症や特別なニーズをもつ人への配慮と工夫
高齢者のライフスタイルとスリープマネジメント
高齢者の心と行動
高齢者の生活文化と社会的背景
ダイバージョナルセラピープログラムの実際
ダイバージョナルセラピーのプログラム演習
ダイバージョナルセラピーのプロセス演習
ダイバージョナルセラピー実践への演習
受講者によるプレゼンテーション

（2015年12月現在）

ダイバージョナルセラピー小史 ❺

　「ダイバージョナルセラピー」は、オーストラリアでどのように誕生したのでしょうか。介護の現場では数十年前からレクリエーショナルオフィサーと呼ばれるレクリエーション担当の職員がいましたが、専門職として資格化されたものではなかったようです。
　一方、第2次世界大戦が終わろうとする頃、ニューサウスウエルズ州のシドニーにある赤十字病院では傷病軍人の社会復帰を目的としたリハビリテーションが行われていました。その一環としてレクリエーションが取り入れられており、それを担当する職員のために、ハンドクラフト（工作、手工芸、アートなど）の教育が導入されました。

このコースは 1945 〜 1976 年まで続けられましたが、最終コースで Leila Bloore 氏から指導を受けた受講生の中から選抜された 7 人によって 1976 年に設立されたのが「オーストラリアダイバージョナルセラピー協会（Diversional Therapy Association of Australia：DTAA）」です。これがダイバージョナルセラピーという言葉が初めて社会的に表明された出来事ですが、高齢者介護の現場ではすでに、1960 年代後半頃からナーシングホームに取り入れられていたともいわれています。

　ダイバージョナルセラピストが医療の補助的な存在として、主にリハビリテーションの分野で活躍していたことがうかがえます。そこに高齢者施設で働いていたレクリエーション担当者らが加わって、現在のようなダイバージョナルセラピーとして発展していったものと考えられます。当初、オーストラリア DT 協会では 2 週間ほどの講座を受けた者を会員として認定していましたが、より専門的な教育が必要であるとして教育機関に働きかけました。まず 1985 年にニューサウスウエルズ州のカンバーランドヘルスサイエンスカレッジ（Cumberland College of Health Sciences）の作業療法学科の中に DT の準学位（Associate Diploma）のコースが導入されたのが、DT の本格的な教育の始まりです。

　その後、各州の州立高等専門学校（Technical and Further Education：TAFE）に広がり、1995 年にはシドニー大学の応用科学部に、1996 年に西シドニー大学の健康科学部にコースが導入され、大学で DT の学位が取得できるようになりました。

　この間、各州に DT 協会が設立され、その代表者たちが集まってシドニーに全国本部（Diversional Therapy Association of Australia National Council：DTAANC）が設置されました。さらに各地域や介護施設、病院などとのリンクが進み、専門職集団としての本格的な活動が始まったのです。

　DTAANC は DT の専門性をさらに高め、職業としての社会的地位の向上を図るため、2006 年に全国統一の教育基準として National Minimum Course Standards を策定し、大学や TAFE などの DT 教育課程はこれに準じて認定されるようになりました。

　次にオーストラリア DT 協会は組織の大改革に着手。各州がそれぞれに運営していた協会を全国統一組織として改組し、名称も Diversional Therapy Australia（DTA）としました。2015 年現在、DTA の会員は約 1,000 人で、筆者は 2001 年にクインズランド州 DT 協会会員となり、現在は DTA のフルメンバー（正会員）として日豪の DT 交流を進めています。

　ただ、介護の現場では実際には DTA に登録しないでダイバージョナルセラピスト（呼称はレジャー＆ライフスタイルコーディネーターなどの場合もある）として働いている人たちも相当数いることも事実で、その実数は約 3,000 人ともいわれています。

　「オーストラリアでも、DT 活動の課題は多く、より高い教育と実践のためのチャレンジを続けている」と Louise Absalon 理事長は話しています。

第2部

ダイバージョナルセラピーの実践

第1章 ダイバージョナルセラピーの実践プロセス

1 DTプロセスの概要

　オーストラリアDT協会はその「実践の定義」の中で「ダイバージョナルセラピストは、人間としての行動や機能を理解したうえで、一人ひとりのQOLを高めるために、レジャーに参加することによって得られる多様な成果を利用する」と謳っています。

　QOLを高めるような成果を上げるためには、レジャーやレクリエーション、ライフスタイルの分野でも、"あてずっぽう"や"やりっぱなし"のお楽しみごとではなく、根拠と目的を明確にした"意味のある"実践が求められます。

　それは、医療、介護に限らずマーケティングなど、どのような分野でも行われている次の4つのプロセスが基本となります。

① Assessment（情報収集と事前の評価）
② Planning（目標設定による計画とプログラム作成）
③ Implementation（実施）
④ Evaluation（事後の評価と考察）

　このプロセスを定期的に繰り返すことによって、より効果的なプログラムや生活のあり方を提案し、実践していきます。また、オーストラリアでは、このプロセスを「レジャー＆ライフスタイルのドキュメンテーション」として詳細に記録されます。この記録が先に述べた高齢者介護基準監査（以下、監査）の際に大きな役割を果たすのです。他の領域と同じようにこの部分でも、一人ひとりの入居者の記録が十分でないと、監査の成績が悪くなり、施設の評価や補助金にも影響してきます。一方、優秀なプログラムには高齢者介護基準監査局（以下、監査局）から賞が与えられます。

　ただ実施記録を残すのではなく、アセスメントには分析が必要で、プランニングには目標設定が必要です。実践にあたっては一つひとつのプログラムの実施計画と一人ひとりの参加状況の記録が必要で、事後の評価には実践時の観察記録と何らかの指標が必要です。

　本章では、オーストラリアで専門職としてのダイバージョナルセラピスト

が行っているアセスメントから評価までをご紹介しながら、日本で実践可能な方法を考えていきます。

オーストラリアでは各法人がそれぞれに、このプロセスで使用する「ドキュメンテーション」のフォームを開発していますが、ここではダイバージョナルセラピストに広くテキストとして採用されている『Documentation Manual for Diversional Therapists』 [*1] を、著者のJacqueline Quirke氏 [*2] の許可を得て参考にさせていただきました。

[*1]
Jacqueline Quirke & Peta mudge : Documentation Manual for Diversional Therapists. B & S Books, 2000

[*2]
Jacqueline Quirke 氏：Redleaf Training and Consultancy 代表。

2 アセスメント（Assessment：情報収集と事前の評価）

1 DT アセスメントの概要

ダイバージョナルセラピーに限らず、日本の介護においてもまず介護保険の「課題分析標準項目」によるアセスメントが行われ、介護施設に入所するときには入所時アセスメントがあり、これらに沿ってケアプランが立てられます。その過程で本人の生活歴や趣味を問う場面もありますが、それほど重要視されないまま、カルテの中に埋もれてしまうことも多いのではないでしょうか。ダイバージョナルセラピーはそこに光を当てます。

❶ なぜ DT アセスメントが必要か

なぜ、DTアセスメントを行うのか、ダイバージョナルセラピストのVickie Kimlin氏（元オーストラリアDT協会理事長）は次のように指摘します。

- 個人のニーズがどこにあるかを明確にする
- 一つひとつの実践に根拠を与える（Evidence Based Practice）
- 実施するプログラムとその手段にフォーカスを与える
- プロとしての行為において、クライアントを傷つけない（損害を与えない）ことを保証する

DTアセスメントとは、その人がどのような生活をすれば、もっと生き生きとその人らしく楽しい人生を全うできるのかを考え、レジャーを通して個人のウェルビーイング（Well-being）に貢献するために、一人ひとりの情報を集め、整理、分析し、クライアントのニーズを明確にするプロセスなのです。

❷ オーストラリアでのDTアセスメント

オーストラリアではどのようにアセスメントは行われるのでしょうか。入

所施設の場合、入所してしばらくは医療や介護面でのアセスメントが続くので、その間にクライアントとの信頼関係を築くため、クライアントにレクリエーション活動などにも参加できるよう誘います。そして3週間目くらいから、以下のような本格的なDTアセスメントを始めることになります。

① 観察によって、本人のニーズや好きなこと、得意なことやその能力を確認する。レクリエーション活動の中での観察も情報収集には欠かせません。

② チーム会議（ダイバージョナルセラピストおよび医師、看護師、介護職、ソーシャルワーカー、作業療法士、理学療法士、言語聴覚士、カウンセラー、チャプレン *3 など）による情報収集。例えば、以下のようなものがあります。

- 日常生活活動や医療的ニーズ
- 視力と聴力
- コミュニケーションや言語能力
- 認知、認識能力
- うつ病およびうつ的傾向などの精神状況
- 食事の制限
- 排せつのコントロール

③ インタビューによる情報収集とアセスメントツールの記入。

クライアントがインタビューに答えるのが困難な場合は、配偶者や家族、友人も一緒に行うこともあります。また、相手が緊張しないように、お茶を飲みながら、あるいは散歩しながら、花を眺めながら…といった、リラックスした状態で、会話を進めていくようにします。

アセスメントツールは、各施設や法人によって書式や項目は異なりますが、ほぼ次のような要素から成り立っています。

- フォーム1「個人的基本アセスメント」：名前や生年月日、出生地、医療、身体的ニーズ、DT活動における制限と可能性など
- フォーム2「ライフストーリー」：個人の歴史や思い出、大切なこと、家族についてなど
- フォーム3「レジャーアセスメント」：趣味や興味、楽しみなど

ダイバージョナルセラピーを実践するうえで最も基本となる個人の情報です。しかし、このプロセスで大切なことは、単に項目を埋めるということではありません。オーストラリアのダイバージョナルセラピストたちは、「アセスメントシートを、じ～っと眺めてごらん」とよく言います。その行間から浮かび上がってくるその人の人生そのものを、私たちが一人の人間としていかに感じ取り、その人への尊敬の念と親しみを抱けるか…というところにこそ、アセスメントの重要な意味があると筆者は考えます。

*3
チャプレン
病院や介護施設など教会以外で働く聖職者のこと。主にクライアントの宗教心や精神面でのケアにあたる。ダイバージョナルセラピストと共働することも多い。

今、あなたが問いかけようとしている人は、あなたには計り知れない苦労や喜びを刻みながら長い道のりを歩いてきた人であることを忘れないでください。また、アセスメントをして、その人の好きなことを知るだけでは十分ではありません。なぜそれが好きなのか、どのように好きなのか。その「中身」も知る必要があります。

　またこれらは、その人の人生の大切な物語であるため、過去の出来事や微妙な心に立ち入ることにもなります。基本はインタビュー（聞き取り）になりますが、相手の心情に配慮しながら慎重に進める必要があります。そこで、オーストラリアのある高齢者施設のアセスメントシートの前文と最後の一文を紹介します。

〈前文〉　当施設のスタッフは、可能なかぎり自由に選択できる介護とサービスを提供することを、あなたに約束します。私たちがこの役割を有効に果たすために、次の質問にお答えいただくための時間をくださるようお願いします。いくつかの質問は本質的に個人的なものですので、あなたが答えやすいように答えていただければけっこうです。

〈最後の一文〉　私たちは、あなたがこの情報を提供してくださったことに感謝します。この情報はあなたにケアを計画し、提供するスタッフが秘密を守って保存します。この質問表を仕上げる間に質問や疑問が生じた場合は、どうぞ遠慮なく施設長にコンタクトしてください。施設における介護のポリシーや手順について疑問があれば、いつでもお問い合わせください。どうもありがとうございました。

一人ひとりの入居者に対して、アセスメントシートをはじめ、DTに関するドキュメンテーションの分厚いファイルが存在する（ナーシングホーム Wishart Village にて Vickie Kimlin 氏）。

❸ 日本での DT アセスメント

　オーストラリアのDTアセスメントではそれぞれのフォームにはチェック項目だけでなく、文章による詳細な情報が書き込まれるよう、シートは何枚にもわたります。

　これらは専門職として職場に存在するオーストラリアやニュージーランドのダイバージョナルセラピストにとっては重要な業務ですが、日本のように

介護や看護、リハビリテーション職員などがダイバージョナルセラピーの担当を兼務する現状にあっては、どのようなフォームでDTアセスメントを行えば効率的にアセスメントが継続できるのかが大きな課題です。

そこで、筆者はフォーム1「個人的基本アセスメント」と2「ライフストーリー」を日本の状況に合わせて集約したものを「DTアセスメントシート」図❶とし、3「レジャーアセスメント」の要素をアレンジしたものを「DT好きなことアセスメント」図❷としてA4のシート2枚に集約し、日本流の「DTアセスメントパッケージ」を作成しました。このパッケージは現在、DTワーカーたちによって、各施設でのDTアセスメントフォームのベースとなっています。

2　DTアセスメントシート 図❶

❶ 個人の基本情報とライフビュー

このDTアセスメントシートの前半は2つの部分からできています。生年月日や出生地など個人の基本情報の部分と、その人の生活歴、趣味や得意なこと、好むレジャーのあり方や大切な思い出、大切な人や物、行きたいところや会いたい人など、その人の基本情報や生活歴に関する部分です。基本情報や生活歴のほうは看護サマリーや介護のアセスメントなどと重複する部分もありますので、情報を共有することで効率的に進めましょう。「干支」を記してあるのは、生年月日を忘れても干支は覚えている場合が多いので会話に役立つからです。「出生地」は「ふるさと」としてできるだけ豊富な情報を得ておくと、1対1の会話やグループの中でも、個人にフォーカスした話題として役立ちます。

> **ヒント**　アセスメントの聞き取り方と書き方
>
> 意外と難しいのが、趣味や得意なこと、大切なもの、行きたいところ、会いたい人などを聞き取るときです。あるDTアセスメントシートで、この欄に「なし」と書かれていたことがあります。それを担当した職員に尋ねてみると「何を聞いても"ない"と言った」とのこと。本当に「ない」のでしょうか？
>
> 「お得意なことは？」と聞かれて謙遜しているのかもしれません。「何もかも世話になる身で好きなことなんて言えない」と遠慮しているのかもしれませんし、忘れてしまったのかもしれません。そんなときは質問の仕方を変えましょう。

DT アセスメントシート

記入開始日　　年　月　日

入居（利用）者名【　　　　　】年齢【　】【男・女】■記入者【　　　　　】

お生まれ	西暦：　　年／大正・昭和　　年／干支　　　　　月　　日	
生まれ故郷		どんなところ？　都会（　　　　）／海辺（　　　　）／山や川（　　　　）

子ども時代の印象や思い出（好む昔の話など）	
長く住んだところ、印象に残っている人や場所	
大人になってからの生活状況、主な仕事歴や家業	

| 得意なこと好きな趣味興味のあること | P（過去） | |
| | C（現在） | |

大切なものなど	

人間関係	（　）一人でいる方が好き　（　）グループで楽しむのが好き　（　）どちらも好き （　）判明できない　◎友人、気の合う人（　　　　　　　　　）

願望：何がしたい？行きたいところ、会いたい人は？	

現在の状況

	〈Strengths & Competencies〉可能性・適性	〈Limitations〉制限・限界
身体的		
認知的		
感情的		
社会的 地域との関係など		

家族関係	夫・妻（健在／死別／離婚など　　　　　　　　　　） 子ども（　　人／子どもを亡くした経験〈ある・ない〉／孫・ひ孫　　人） 家族の訪問（頻度：　　／最もよく訪問する人：　　　）
入所または介入の動機	（　）本人の希望　　（　）家族のすすめで了解 （　）不本意で拒否的　（　）職員として把握していない
多くみられる表情や気づき 特筆すべきこと	明るい・笑顔・おだやか・受容的・攻撃的・拒否的・不満・怒り・悲しみ・諦め・無表情 ☆特筆すべきこと

日本DT協会／芹澤

図1 DT アセスメントシート

まず、問いかけているあなた自身の好きなことを話してみてください。あなたが喜々として話しているのを見て、その方も話す気持ちになるかもしれません。どうしても聞き出せないときは「"ない"と言われた」と記入しましょう。そうすれば、そのシートを見た他の職員は「このときはこういう反応だった」と受け取り、好きなことがない人だとは判断しないでしょう。DT アセスメントには、聞き手の配慮や感性も反映されることを心に留めておきましょう。

　ダイバージョナルセラピーに限りませんが、このような情報を共有するための DT アセスメントシートは、読みやすい文字で、簡潔な正しい文脈で書くことも大切です。

❷ 4つの視点でみる能力、適性と制限の情報

　DT アセスメントシート後半では、①身体的、②認知的、③感情的、④社会的の4つの視点でその人の現在の状況を記入しますが、それぞれ2つに区分されます。一つは"Strengths and Competencies"、その人がもっている強みや能力、適応性といった面です。もう一つは"Limitations"という言葉であらわされ、レジャー活動に参加するときに注意すべき制限や活動時における限界などです。

　このように、その人をみるとき"できない"ことに焦点を当ててそれを補いケアするだけでなく、その人のもっている強みや適応性といったことにも焦点を当てて、バランスよく評価し、可能性を拓こうというのが DT アセスメントの目的です。また、この2つの区分は「できること」と「できないこと」といった割り切り方ではない点にも留意します *4 。

　Strengths and Competencies の情報はクライアントにとって魅力のあるレジャー活動を計画したり誘導したりするときに有効ですし、Limitations は、レジャー活動においてクライアントに不快な思いやリスクをもたらさないように、またすばやく適切にクライアントをサポートしなければならないときに必要な情報です。

　これら4つの視点については入所後も変化していくものですので、継続的に記入していく必要があります。A4シート1枚では足りなくなりますので、この部分だけ取り出して別紙シートを作成する必要も出てくるでしょう。あるいは、DT アセスメントシートを電子カルテ化している施設もあります。どちらにしても大切なことは、職員が常に目を通し、一人ひとりの情報を共有するということです。

*4
資料③「Diversional Therapy Assessment」（146、147頁）も併せて参考にしてください。

*5
ICF
International Classification of Functioning, Disability and Health（生活機能・障がい・健康の国際分類）2001年に WHO が制定した生活機能と障がいの分類法。生活機能というプラス面からみるように視点を転換し、環境因子などの観点も加えたもので、厚生労働省でもその普及を奨励している。

ヒント 「4つの視点」の考え方

　この「4つの視点」について初めて記入しようとするとき、Limitation のほうはすぐに埋まるのですが、Strength や Competency（以下、Strength）がなかなか進まないことが多いようです。ICF　*5　の普及に伴って Strength に焦点を当てる見方もずいぶん広まったと思いますが、やはり介護のアセスメントというと Limitation に焦点が当てられがちです。次に4つの視点における考え方の例を挙げてみましょう。

①身体的：右片麻痺を伴う人の場合、右手を使えないという Limitation があるけれど、左手で筆やクレヨンをもつことができるというのは Strength です。脳障がいによる中途失明でほとんど視力がないという Limitation をもっている人も、鮮やかな色彩や光ファイバーの変化する色には興味を示すという Strength を見出せるかもしれません。振戦の症状があって手先を使う手芸などは Limitation ですが、体全体を使うようなボーリングや体操は Strength という場合もあります。

②認知的：集中力が保てないという Limitation はあるが、興味をもてば20分くらいのアクティビティに参加できるなら、それは Strength です。短期記憶が保てないというのは Limitation ですが、若い頃に身につけた農作業についてはしっかり覚えているという場合、それは Strength です。その人の自信や喜びにつながる記憶をアセスメントしましょう。

③感情的：脳障がいで寝たきりの人が、感情表現がないと Limitation に記入するのは簡単ですが、手に触れて目を見ながら歌うと表情が和らぐといった Strength を見つけることはできないでしょうか。もっと他にも五感へのよい刺激によって表情に変化がみられるかもしれないという可能性があります。

④社会的：若い頃から選挙は棄権したことがない、老人会の会長をして頼りにされていた…などは過去のことにしてもその人の Strength を物語るものです。認知症や失語症のためにコミュニケーションがとりにくいという Limitation があっても、レクリエーションのときなど、車椅子の参加者をいたわったり、おやつを先に隣の人に回すなどの配慮をみせるといった場面がよくみられます。これは大いに Strength です。

　あるとき、DT 担当の職員からこんな質問がありました。「気に入らないと大声をあげる入居者がいますが、これは感情面での Limitation でしょうか？ いやなことはいやだと意思表示ができるのだから Strength ではないのでしょうか」「帰宅願望があるというのは問題点（Limitation）でしょうか？ 施設にいるより家に帰りたいと思うのは当然の感情ではないでしょうか」。

　このような気づきこそ、DT アセスメントの本意といえます。

3　DT 好きなことアセスメントシート 図❷

　これは文字どおり、その人の「好きなこと」をアセスメントするもので、入所前に本人や家族に記入してもらい、入所後も気づきがあれば継続的に記録を続けます。

　このシートは、オーストラリアでよく使われているものをシンプルにアレンジしたものですが、それぞれの項目に「以前好きだったこと」「現在も好きなこと」「これからしてみたいこと」「自発的に行っていること」「現在も介助があればしたいこと」という視点でそれぞれの「好きなこと」を区分すると、「好きなことアセスメント」をさらに有効に活用できます。また、家族に記入してもらう場合は、冒頭に次のような一文を添えましょう。

> 「〇〇〇〇（施設名）では、入居者の皆様にできるだけその方らしい"楽しみやライフスタイル"を維持していただきたいと考えております。この表はその参考にさせていただくものです。ご本人の好きなこと、お得意なことなどお話しされて、ご記入いただければ幸いです。

3　プランニング
（Planning：目標設定による計画とプログラム作成）

　オーストラリアのダイバージョナルセラピストたちはプランニングのことをしばしば「デザインする（Design）」といいます。つまり、このプロセスは単に「計画の立案」ということではなく、多様なプログラム（レクリエーション活動、セラピー、個別のアプローチなど）や環境作りを組み合わせて、その人にふさわしいレジャーやライフスタイルを提案し、その人のチョイスを通して日々の生活を設計していくという意味です。

　このプロセスでは DT アセスメントをベースに、クライアントの趣向やバックグラウンドとニーズが把握できたら、まず「目標設定」が行われます。プランニングに続く「Implementation（実施）」がクライアントにとって意味のある成果を達成するためには、「何のためにこのプログラムを実践するのか？」を明確にする必要があります。

《DT 好きなことアセスメント》

あなたは何がお好き？
何がお得意？
何をしているときが一番楽しいですか？

お名前【　　　　　　　　】記入開始日：　　年　　月　　日（　）

	好きなこと、関心のあること	これまでの経験、楽しみ方
スポーツ	野球　相撲　水泳　グランドゴルフ テニス　ゴルフ　ウォーキング その他（　　　　　　　　）	・応援チーム（　　　　　　　　） ・競技の経験（あり・なし） ・競技したい ・観戦が好き
音　楽	・好きなジャンル（演歌、ジャズ、唱歌、 　民謡、邦楽、ポップス、クラシック、 　ロック、詩吟、浪曲） ・その他（　　　　　　　　） ・好きな歌手（　　　　　　） ・好きな楽器（　　　　　　） ・好きな音楽番組（　　　　）	・音楽経験（　　　　　　　　） ・一人で楽しむのが好き？（　　） ・皆で楽しむのが好き？（　　） ・演奏してみたい？（　　　　） ・カラオケ好き？（　　　　　） ・コーラスは？（　　　　　　） ・その他の経験（　　　　　　）
趣味・ゲーム クラフトなど	将棋　囲碁　麻雀　オセロ　百人一首 競馬、競輪、その他（　　　　） 書道　絵画（ぬり絵、鉛筆、水彩） 裁縫　編み物　陶芸　折り紙 読書　日記（手紙）収集（　　） 映画（　　　　）舞踊（　　　） その他（　　　　　　　　　　）	・得意なこと（　　　　　　　　） ・好きだったけどやめたこと 　（　　　　　　　　　　　　　） ・今も続けていること 　（　　　　　　　　　　　　　） ・これからやってみたいこと 　（　　　　　　　　　　　　　）
理美容、お洒落 嗜好	・お化粧したい ・好きな髪形 ・好きな服装 ・好きな色や匂い	・お化粧の経験（　　　　　　　） ・理美容院へ行きたい（頻度は？） ・施設内で理美容してほしい（頻度は？） ・アロマセラピー・茶香
ペット	・好きな動物（　　　　　　　） ・飼っていたペット（　　　　）	・アレルギーや苦手な動物 　（　　　　　　　　　　　　　）
家事・仕事	・好きな（得意な）家事は？ 　料理　掃除　洗濯　整頓　飾りつけ ・家庭での役割は？（　　　　）	・主に専業主婦だった？（　　） ・お勤め（　　　　　　　　　） ・自営・経営（　　　　　　　）
園芸	花の世話　花を見る　野菜作り 庭の手入れ　土いじり	・園芸、農業経験は？（　　　　） ・好きな花や樹木は？（　　　　）
外出	買い物　旅行　墓参り　社寺詣で ドライブ　図書館　博物館　居酒屋 散歩　ハイキング　外食	・何を買いに行きたい？（　　　） ・誰と行きたい？（　　　　　　） ・思い出の旅行は（　　　　　　）
テレビ・ ラジオ・新聞	・好きな番組（　　　　　　　　）	・読みたい新聞、雑誌など（　　　）
社会性	・地域活動に参加したい ・グループ活動 ・選挙に行きたい	・所属していた団体、グループ ・今後も続けたい活動 　（　　　　　　　　　　　　　）
その他の興味 信仰、信条		

日本 DT 協会／芹澤

図2 DT 好きなことアセスメントシート

もう一つ重要なことは「失敗しない」ことと「簡単過ぎないこと」とよくいわれますが、既存のプログラムに個人の参加を当てはめるだけの無理な計画は、その人が適応できないために失敗を経験させて自信をなくす恐れがあります。一方、失敗を避けるために簡単過ぎるプログラムは興味を保てません。ダイバージョナルセラピストには、現状をよく把握したバランスのとれたプランニング能力が問われます。

ヒント　プランニングの進め方

　図❸の「DT プランニングパッケージ」は、オーストラリアで実際に記入されたシートを訳したものです。一人のクライアントにこのようなシートが何枚もパッケージ化されていて、専用書棚に全クライアント分のバインダーが並んでいました。

　このシートから目標設定のあり方がよくわかります。Elene さんが自尊心のあまり他の入居者と交わろうとしないで、アクティビティにも参加していないことがうかがえますが、この最初のプランでは「他者と交流できるようにする」とか特定のアクティビティに参加するといった目標ではなく、まず「ここにいても自分が興味をもてることがあるんだな」「まだ楽しいことがあるかもしれない」と、Elene さんに気づいてもらおうという身近な目標を立てています。次にそのための具体的な実践が示されています。このようにプランニングは段階を追って進められていくのです。

　また、短期記憶の喪失があるという特徴があるので、掲示してあるレジャーのカレンダーを見ただけでは忘れるだろうと、毎朝、小さなホワイトボードにその日のアクティビティを書いて部屋までもって行って見せるという配慮もプランに含まれています。最後の欄は、彼女のライフストーリーが書かれていますが、ダイバージョナルセラピストの冷静な観察眼と温かい尊敬のまなざしが感じられます。このシートを訳していて気づいたことは、「認知症」という言葉が一言も出てこないこと。しかし、文章からその人が認知症を伴っていることは読み取れます。ダイバージョナルセラピストたちは「ラベルを貼るな」といいます。それが、このようなところからもうかがえる一例です。

　資料④「DT 個別プログラム計画」（148 頁）は、一人のクライアントが日々どのようなプログラムに参加するように奨励するか、その根拠となるニーズや本人の要望と参加時の様子、参加後の評価などをシンプルに記録できるようにまとめたものです（原案：『Documentation Manual for Diversional Therapy』）

ダイバージョナルセラピー・プランニングパッケージ
楽しみ・興味・アクティビティについて

入居者名：Elene（仮名）
誕生日：
主治医：
ルームNo：

問題点／ニーズ／理由	ゴール／期待される成果
Eleneは短期的な記憶のロスがあり、耳が聞こえにくい。バランス感覚が乏しく、偏食がある。彼女はたいへん独立性があるが、それが孤立の原因にもなる。	Eleneは与えられる限りのアクティビティの情報を知ることによって、このホームにおいても彼女が過去または現在にもっている何らかの興味のあることにつなげる機会があることを知り、参加に興味をもつ。

介入（Interventions）－参加（Entry）	Evaluationの日付＆サイン
➢ ホワイトボードにEleneの今日のアクティビティを書き込み、それを読んで、始まる時間を教えてあげたり、アクティビティに参加するよう、彼女を励ます	
➢ 彼女が興味を示しているのは、スペシャルイベント、カントリー、クラシック（ジャズではない）、バスツアー、買い物、クイズ、ダンス、歌を歌う、孫の訪問、猫や犬にえさをやることなど	
➢ Eleneは選挙活動に興味があり、必ず投票の機会が与えられることを希望している	
➢ Eleneは毎日、午前中にラジオの音楽番組を聴く	
➢ Eleneに週に一度、太極拳のグループに参加するよう誘う	
➢ Eleneはネイルケアを好んでいるので、月に一度予約を入れる	
Eleneはブリスベンの近郊で育ち、しっかりした教育を受けた。彼女は音楽をCONVENTで学んだ。Eleneは愛情ある家庭でクリスチャンの両親に育てられ、結婚前は幼稚園の先生をしていた。彼女の夫は、子どもがまだ幼い頃に亡くなり、彼女一人で子どもを育てた。
今、彼女はイマジネーションの中で自分自身の世界をもち、彼女の時間を楽しむ日々（living her own world）を送っている。ピアノを弾くのが好き。Eleneの上手な音楽と、ちょっと素人じみたエンターテイメントは大目に見て。彼女はとても選択の目をもっており、人を偏見で判断しない。健康と安全は彼女にとって大きな関心事である。	

訳：芹澤

図3 DTプランニングシート記入例（オーストラリア）

ここで、『Documentation Manual for Diversional Therapy』に掲載された事例から紹介します。

❶ プランニングの事例（高齢者介護入居施設）

- 個別のニーズ：入居者Mさん（女性）は、もの忘れが亢進して引きこもりや欲求不満、挫折感が強くなり、施設の中で孤立している。そのため共通の興味をもった人とよい関係をもつことが必要である。
- ゴール①／期待される成果：Mさんがボランティアと一緒に、月に1回開催される地域の交流会に参加すること

具体的には次のような計画に基づいて、ダイバージョナルセラピーの介入が行われました。

1. Mさんにボランティアの人を紹介する。
2. Mさんとボランティアは、地域の交流会の日程を調べる。
3. ダイバージョナルセラピストはMさんとボランティアが参加するための交通手段を確認する。
4. ダイバージョナルセラピストは参加の前日に、Mさんに明日の計画を話して気づかせるようにする。
5. 当日、ダイバージョナルセラピストはMさんに、交流会の楽しみについて話し、外出することを思い出させる。
6. Mさんが施設に帰って来たとき、ダイバージョナルセラピストはMさんと「地域でどのような交流があったか」について話し合い、彼女の経験を意味あるものとして意識づける。
7. Mさんが次回のミーティングに何が必要かを、彼女の日記に記載するよう促す。

- ゴール②／期待される成果：Mさんが週に1回、40分の地域交流会の音楽グループに参加して、施設でグループの演奏会を実施する。

Mさんのゴール②に対して、次のようなDT介入が行われました。

1. Mさんが定期的に音楽グループに参加できるように、日程と時間を固定する。
2. Mさんの月間プログラムに音楽グループの活動を反映させる。
3. 当日はMさんの活動に合わせて、施設でのプログラムを調整し、必要なものを準備する。
4. 演奏会に合わせて部屋をセットアップし、30分間は彼女と地域の音楽グループの活動を優先させる。
5. この活動を通してMさんを支援する。活動のあと、彼女と後片づけをし、彼女の部屋に荷物をもって同行する。この時間を使って、Mさ

んの反応を観察し、この活動に対する評価を行う。

このプロセスから、段階を追って目標設定を行い（ゴール①→②）、少しずつ着実に成果に近づこうとしていることがわかります。

❷ DTカレンダー

次に、ダイバージョナルセラピーの月間プログラムですが、図❹はオーストラリアと日本（介護老人保健施設ユーカリ優都苑/千葉県）のDTカレンダーの事例です。このような掲示は入居者たちの"チョイス"のためでもありますので、いかに見やすく、楽しく情報を伝えられるかにダイバージョナルセラピストの腕がかかっています。イラストやカラーを使って、クライアントが「参加したい」と思い、「どれに参加しようかな」とチョイスした

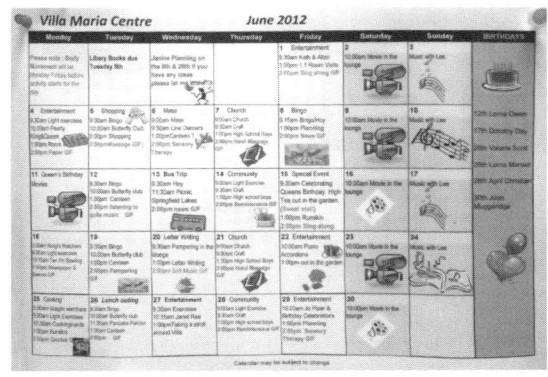

オーストラリアの「DT月間プログラム（カレンダー）」の例

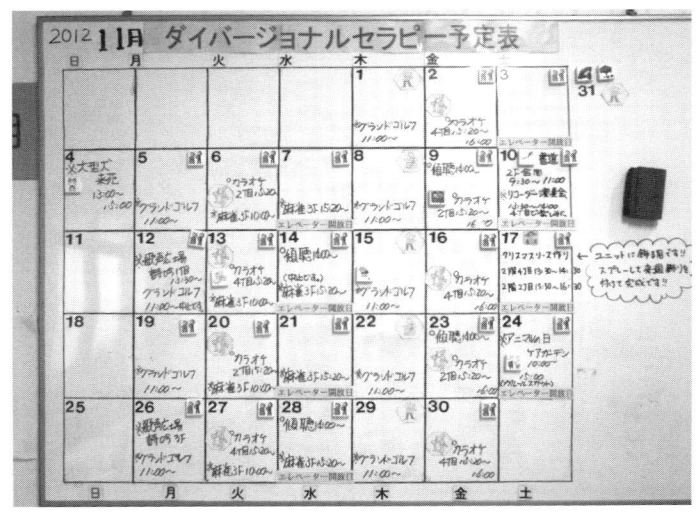

ユーカリ優都苑の「ダイバージョナルセラピー予定表」。各フロアに掲示されている（120×90cmのホワイトボード）。この予定表では、今日がどの日かわかるように、「今日」というパネルが設けられている

図❹ DT月間プログラム

くなるような仕掛けが必要です。

73頁の「DT月間プログラム」も参考にしてください。これは、オーストラリアのある高齢者入居施設で実際に使われたものです。これはグループベースのプログラムですが、豊富なメニューが用意されていることがおわかりいただけるでしょう。

❸ プランニングの留意点

プランニングにおける留意点をまとめると、次のようになります。

- アセスメントからニーズを導き、個別の目標（ゴール）を設定
- 多様なプログラム（レクリエーション、アクティビティ、セラピー、音楽、アート、環境など）の知識をもって応用
- 多様な資源（多様なツール、地域の人材など）の活用
- 適切な介入の方法
- その人にとって理解と実現が可能なプラン
- 短期プランと長期プラン（1日・週間・月間・年間）の作成
- 個人のニーズと施設のキャパシティのバランス
- 予算とマネジメント→必要に応じて資金集め（ファンドレージング）

4 実行（Implementation：実施と配慮）

多種多様に実施されるDTプログラムについては、第2章「プログラム実践の基礎」（65頁）で詳しく述べますが、ここでは、特に配慮すべき点を挙げておきます。

実施における配慮と調整、修正

- 個人の身体的、認知的、感情的（スピリチュアル＆文化的、心理的）、社会的特性に配慮
- 個人の身体状況に合わせた参加の仕方（立てる、歩ける、椅子に座れる、ベッドのまま）
- 心身の医療的ニーズを把握
- 適切な椅子は？　適切な補助具は？
- ゲームなどは規則の簡素化と道具を調整

- 当意即妙、会話を楽しむ（ユーモアとコミュニケーション）
- 聴力、視力、筋力、会話力に合わせた参加の仕方
- 他のスタッフや家族、ボランティアの援助
- 実施時刻への配慮
- 集中力に合わせて、プログラムの実施時間を調整
- 音量、音の種類、雑音、明るさ、光、色への配慮

何らかのレクリエーションやアクティビティ、セラピーなどを実施するときは、次のように自分に、あるいはスタッフ同士で問い直してみましょう。

- スタッフによる事前のミーティングは十分だったか？
- 一人ひとりの医療的ニーズやリスクを把握しているか？
- このグループの人たちの好む話題は何か？
- 参加者の世代が興味をもてる話題を提供できるか？
- 寝たきりの人でも参加できる方法はないか？
- 参加者たちは、これから何が始まるのかを理解しているか？
- ルールは全員が理解できるか？
- スタッフだけが盛り上がっていないか？
- スタッフの声が全員に聞こえているか？
- 聞こえない人、見えない人への配慮はできているか？
- スタッフの特技ややる気を引き出せているか？
- ボランティアを上手にコーディネートできているか？
- 参加者の特性や要望をボランティアに伝えてあるか？
- 実施時刻は適切か？　眠気や、疲れのたまった時間帯ではないか？
- 参加者の体力や気力に応じた時間配分か？
- 音楽を流す場合の音量は適切か？
- 不快を感じる音ではないか？
- 同じ部屋でテレビがつけっぱなしだったりしていないか？
- 部屋の明るさは適切か？
- 参加者の視野に陽光の差し込む窓やまぶしい光などはないか？

「色」も大切な要素ですが、壁紙やカーテンを変えるわけにはいきません。

使用する小道具の色などで気分が晴れたり、積極的になれたりすることもあります。またスタッフの服装も大いに配慮できるでしょう。楽しい気分を演出したいときには、ユニフォームや介護時の服ではなく、私服を着てみるだけでも参加者の意識は変わります。そうすれば、「介護とレジャー」のメリハリをつけることもできますし、スタッフ自身の気分も変わることを体験してみてください。

　以上のような点について留意、検討したうえで、各DTプログラムの実施計画を作成します。この計画表の例は資料⑤⑥（149、150頁）を参考にしてください。⑤は施設内で行うアクティビティ、⑥は外出アクティビティのためのものです。いずれも「目的」と「期待される成果」を明記します。

5　評価（Evaluation：事後の評価と考察）

　オーストラリアのダイバージョナルセラピストたちは「EvaluationはDT実践の中で非常に重要な部分だ」といいます。しかし、何をもって「評価」とするかはたいへん難しい問題です。まず、なぜ評価というプロセスが必要なのかを考えてみます。Vickie Kimlin氏は次のように述べています。

①プロとしての責任：クライアントに提供するプログラムのクオリティを保証し、よりよい成果を目指して改善していることの証明。

②情報に基づくプログラムの検証：アセスメントに基づいてデザインされたプログラムが、有効であったかどうかを検証する。

③プログラムの修正と最適化：②に基づいてプログラムをより有効にするために修正と適正化を行い、クライアントにとってより意味のある有効なプログラムを提供する。

④費用対効果の検証：プログラムの評価は経費的にも考えられなければならない。適切な予算を獲得するためにも必要。

⑤目標達成の尺度を探る：プランニングで設定した目標（ゴール）がどの程度達成できたのか、できなかったのかを、まずはナラティブ（文章による表現）な記録の積み重ねから始める。

⑥高齢者介護基準監査局による監査への対応：第1部第1章「ダイバージョナルセラピーの社会的背景」（4頁）で挙げた介護の質の監査では、一人ひとりの入居者のレジャー＆ライフスタイルに関する詳細なドキュメンテーションが求められ、ダイバージョナルセラピーのレジャープログラムなどの評価のドキュメンテーションも必須となります。

1 結果を焦らない

　評価というと「クライアントがどう変わったか」「どんな効果があったか」と、短期間に形に（あるいは数値に）あらわれる結果ばかりを追ってしまいがちですが、変化や効果は目に見えないところから始まっています。植物が地上に芽を出す前に、地面の下で養分を吸収して根が育っていくように、クライアントにも、何の変化もみられない時期が長いかもしれません。しかしその蓄積があるからこそ、ある瞬間に笑顔がこぼれたり、いつもは動かない手が何かに向かって差しのべられたり、思いがけない言葉が発せられたりするのです。この地上に芽が出る瞬間を見逃さない注意深い観察と継続が必要です。決して評価を焦ってはいけないということを、評価する側としては心に留めておきたいと思います。

2 プログラムの評価

　では、何を評価するのか。一つはプログラムの参加者やダイバージョナルセラピーの対象となる人にとっての成果を評価するということ。そしてもう一つ忘れてはいけないことが、ダイバージョナルセラピーを提供する側に対する評価です。例えば、オーストラリアのダイバージョナルセラピーではまず、プログラムの評価（Program Evaluation）が行われます。

　つまり、「私たちが提供したプログラムは適切であったか？ 有効な結果をもたらしたか？」という視点です。プログラムが個々のクライアントにふさわしくなかったり、実施の仕方がよくなかったなどをさておいて、クライアントに変化や改善を求めるのは無意味です。まず、自らを評価しなければなりません。

　オーストラリアの都市ゴールドコーストのデイケアセンターで興味深い掲示板を見つけました。ダイバージョナルセラピストが考案したこのボードは、利用者が帰るときに、その日の感想を顔のイラストで表現してもらうものです。

- モーニングティーは？
- ランチや食べ物は？
- アクティビティは？
- 今日一日、楽しかった？

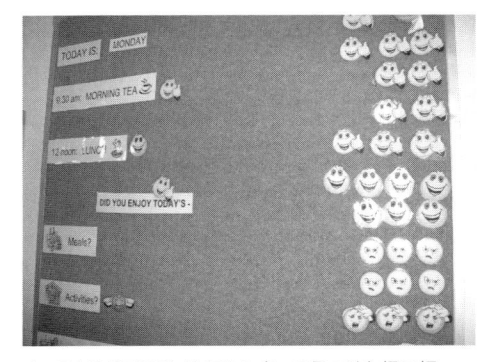

オーストラリアのデイケアセンターで見つけた掲示板。

と、問いかけています。

評価のためのドキュメンテーションはそれぞれのダイバージョナルセラピストが工夫していますが、『Documentation Manual for Diversional Therapy』の中から、その一例を資料編に掲載します〔資料⑦「活動プログラム評価 Activity Evaluation」（151 頁）。

利用者からの評価は？ ❻

通所リハビリテーションセンター赤とんぼ黒髪（熊本県）では、オーストラリアの「評価の掲示板」を応用して、自分たちの行っている日頃のケアを利用者に評価してもらうことにしました。

センターの玄関にレストランのメニュー風にあしらったホワイトボードを置き、「にこちゃんチェック」という名前を付けました。最初のテーマは「今日の利用は楽しかったですか？」。日本の高齢者は、顔の表情で直接感想をあらわす方法では遠慮されるだろうと考え、カードはすべて、赤とんぼマークとし、「とても楽しかった」「楽しかった」「楽しくなかった」の3つの欄を選んで投票してもらうことにしました。

1週間続けてみると、ほとんどの人が「（とても）楽しかった」でしたが、2人だけ「楽しくなかった」にカードを付けて帰る利用者がいました。管理者の江口慎吾氏は、その2人と個別に、お茶を飲みながらゆっくり話し合う時間をもちました。そこでは、これまで口にされることのなかった本人の不安や若い頃の思い出などが次々に語られたといいます。そしてその次の日から「楽しくなかった」に投票する人はいなくなったということです。

"楽しくなかった"を選ばれたのは「もっと私の話を聞いて」「もっと私の方を見て」という気持ちのあらわれだったのではないか…。そしてこのような"Evaluation"を実施しなかったら、リハビリテーションの成果ばかりに気を取られ、一人ひとりの思いに気づかなかったかもしれないと江口氏はいいます。赤とんぼ黒髪では、その後も「入浴」「レクリエーション」など、定期的に「にこちゃんチェック」を繰り返しています。

日本での実践例より。利用者は、その日のテーマに応じて自分の考えや気持ちを投票して帰る。

3 参加者の評価

　資料⑧「DTプログラム参加者記録シート」（152頁）は、一つのプログラムについて参加者一人ひとりの参加状況を評価するものですが、「DTプログラム個人別参加記録」図5は、一人につき1枚のシートを用いて、1カ月単位でトータルにみようとするものです。左の列に、施設で提供できるプログラムを列挙し、右のマス目に参加した際にチェックを記入していきま

「DTプログラム」個人別参加記録

利用者（入居者）：＿＿＿＿＿　　場所(入居フロア・ユニット名)：＿＿＿＿＿　　＿＿月

プログラム	1月	2火	3水	4木	5金	6土	7日	8月	9火	10水	1…	23…	24月	25火	26水	27木	28金	29土	30日	31月
アロマセラピー																				
美容（理容）																				
ガーデニング																				
ペンキ塗り																				
ボードゲーム（グループ）																				
ボードゲーム（1対1）																				
料理																				
音楽鑑賞																				
ボールゲーム																				
散歩																				
教会へ行く																				
ボランティアに行く																				
カントリークラブに行く																				
ショッピングに行く																				
バスで外出																				
メンズクラブ																				
レディースクラブ																				
プレイクラブ																				
文化的イベント（　）																				
特別イベント（　）																				
スタッフとの1対1のかかわり（　）																				

記録責任者＿＿＿＿＿

A：積極的に参加して楽しんだ
B：消極的だったが参加して楽しんだ
C：スタッフに誘われて参加したが、あまり興味を示さなかった
D：途中で退席、またはほとんど興味を示さなかった

図5 DTプログラム個人別参加記録

す。このとき、図5の下にあるように、
A：積極的に参加して楽しんだ
B：消極的だったが参加して楽しんだ
C：スタッフに誘われて参加したが、あまり興味を示さなかった
D：途中で退席、またはほとんど興味を示さなかった
と、参加の様子を記入しておけば、そのクライアントに対するプログラムの評価につながり、その人がどのようなプログラムに興味をもっているのか、楽しめるのかがみえてきます。図5では、実際にオーストラリアで使用されていたシートのプログラム例を記入してあります。

オーストラリアDT協会の元理事長のLinda Martin氏はダイバージョナルセラピーにおける評価について、次のようにいいます。

「ダイバージョナルセラピーの効果は、一定のスケールで測れるものではありませんが、豊かな経験と観察によって得られる正確で詳細な記録を積み重ね、それを分析することによって、評価は行われます」

この「評価の考え方」と、何らかのスケールやITの活用などによって生み出されるデータが組み合わされてはじめて、困難と思われていたダイバージョナルセラピーの評価が説得力をもってくるのではないでしょうか。

MMSEとFIMによる評価 — ❼

日本では、精神科の認知症治療病棟（橋本病院/香川県）において、興味深い「評価」が継続されています。それは、認知機能検査であるMMSE（Mini-Mental State Examination）と機能的自立度評価表であるFIM（Functional Independence Measure）のスケールを使ったものです。

橋本病院では2007年からダイバージョナルセラピーに取り組み、毎月SONASセッションを実施してきました。MMSEの経過は、2009年4月〜2010年3月までの結果が2011年の「ダイバージョナルセラピー1 dayセミナー in 奈良」で発表されています。この12カ月間、月に1回、欠かさずSONASセッションに参加した18人の患者のうち、9人がMMSEの数値が向上し、3人が現状維持、6人が低下していました。これをもって確実な評価といい切れるものではありませんが、同時期に1回も参加しなかった患者では、7人中5人が低下しています。統計のスタート時の数値がそれほど大きな差がないことからみれば、何らかの成果とみることはできるのではないでしょうか。FIMの結果も含めて、詳しくは第3章「SONASセッション」の項（87頁）で述べます。

第 2 章　プログラム実践の基礎

1　DT プログラムの要素

「DT の最も大切な仕事は、その人が好きなこと、したいと思うことを、最大限実現させるにはどうしたらよいかを考えること。また、その人が『何かをしたい！』『もっと生きたい！』という意欲がもてるように、そのプロセスを作っていくことである」と Gabriel Koop 氏は説いていますが、そのプロセスを構成しているのが DT プログラムです。

また、長谷川芳典氏 [*1] は、「スキナーの生きがい（Happiness）論」 [*2] に基づいて、DT ワーカー養成講座の「高齢者の心と行動」の講座の中で次のようにいいます。

「生きがいとは、好子（コウシ／自ら望む好ましい結果）を手にしていることではなく、それが結果としてもたらされたがゆえに行動することである」

ここでも、ダイバージョナルセラピーの目的でもある「Happiness」は、それを得ようとする「行動」のプロセスにあることがわかります。

そのため、DT プログラムの要素には次に述べるような多様性とともに、結果を急がず、その「プロセスを楽しむ」という継続性が求められます。

[*1] 長谷川芳典氏：岡山大学大学院社会文化科学研究科教授。研究分野は行動分析、生きがい。論文に、「おひとりさま高齢者のQOL」など。日本DT協会理事。

[*2] 〈原文〉Happiness does not lie in the possession of positive reinforcers; it lies in behaving because positive reinforcers have then followed. [Burrhus Frederic Skinner（1904〜1990）、行動分析学研究 5：96, 1990]

1　DT プログラムの要素

筆者が、オーストラリアにおけるダイバージョナルセラピスト養成機関の研修や施設における現場研修を通して学んだ「DT プログラムの要素」は次のようなものです。

- 社会性がある（Social Interaction）
- 家庭的である（Homelike Environment）
- 創造性と想像性に富んだ表現（Expression Full of Creativity and Imagination）

- 知的刺激がある（Intellectual Stimulation）
- 身体的な刺激がある（Physical Exercise）
- 感性への刺激がある（Sensory Stimulation）
- 興味とわくわく感（Interest & Excitement）
- チャレンジと変化（Challenge & Change）
- 一人でくつろげる（Solitary Relaxation）
- 観客として楽しめる（Spectator Appreciation）

　社会性と家庭的、創造性と想像性、知的あるいは感性への刺激と身体的な刺激、わくわく感と安らぎ…。このように対照的な2つの要素をバランスよく組み込むことは、ダイバージョナルセラピーのプログラム作りに欠かせない要素です。レクリエーションやアクティビティというと、「何か活動しなければならない」と考えがちですが、時には一人で静かに過ごす時間や、ゲームやコンサートなどを観客となって楽しむ要素もあります。アクティブに行動しなくても「見ているだけで楽しい」という参加の仕方もあるのです。これらの要素の中からいくつかを詳しく述べてみます。

❶ 社会性

　特に対象が高齢者や成人である場合、その人の尊厳は、これまで社会人として、社会の中で生きてきたということにあります。その人を社会人として尊重したプログラムのあり方が大切になります。ダイバージョナルセラピーでは「ソーシャルプログラム」といいますが、いわゆる「グループレク」「集団レク」といわれてきたプログラムも、社会性の目で見直してみると、多くの可能性を秘めていることがわかります。役割をもつ、ルールを作って守る、他の参加者を気遣う、意見や経験の違いから対立したり言い争いになることも、社会性と考えれば意味のあることです。

グループでゲームを楽しむのも"社会的な遊び"と考えることができる。

❷ 家庭的

　具体的には「建築デザインと環境作り」の項（78頁）で述べますが、私たちが、老いて家族から離れて、いきなり見知らぬ場所で暮らすことを余儀なくされたときに、そこに何を求めるでしょうか。家庭にいるときと変わらない安堵感やなじみの空間が必要です。家庭的環境（Homelike Environment）は、資料①「ナーシングホームにおける入居者の権利と責任の憲章」（142頁）に書かれた言葉でもあります。

オーストラリアの入居施設の共有スペース。まるで家庭のリビングのようにアレンジされ、身近なグッズがたくさん置かれている（Bupa Bellarine）。

❸ 創造性と想像性

　料理であれ、折り紙であれ、部屋の飾りつけであれ、何かを作り出す喜びは誰もが感じられるものです。職員があまり手を出し過ぎないように、クライアントが本来の力を発揮できるように配慮します。筆者の経験では、

SONASセッション（87頁）のような五感（特に視覚）を刺激するプログラムとアート活動を組み合わせると、クライアントの創造性が大いに発揮されます（写真参照）。

通所リハビリテーションでのアート活動。海をテーマにSONASセッションを楽しんだ後、長い和紙の巻紙（障子紙）にそれぞれが自由に描くという手法。見事な"海の連作"ができ上がった（介護老人保健施設ひまわり/北海道）。

特別養護老人ホームでのアート活動。雨をテーマにSONASセッションを楽しんだ後の作品。唱歌「あめふり」を繰り返し歌ったためか"おかあさん"をイメージした創作が印象的（特別養護老人ホームタマビレッジ/群馬県）。

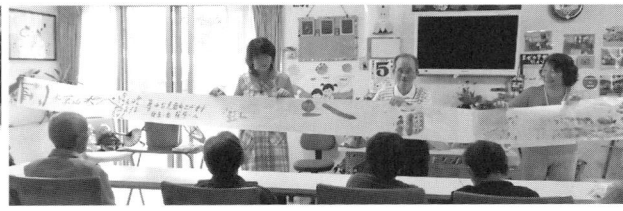

グループホームでのアート活動。1枚の巻紙（障子紙）を9人で共有して描く。それぞれが場所を譲り合ったり、他者の創作に興味をもったりといった場面がみられた。実物のにんじんをもって写実する人も（グループホームまぜの里/徳島県）。

❹ 知的刺激

クライアントの得意だったこと、長く続けた仕事あるいは読書歴や趣味活動などに触れる会話をすることや関連グッズを身近に置くこと、新聞や雑誌を自由に読める環境、図書館や博物館へ行くこと、移動図書館に来てもらう、テーマを決めてお話会をするなど、積極的にその人の知性にアプローチすることで自尊心を保ったり、自信を取り戻すチャンスを作るプログラムになります。

❺ 感性への刺激

五感など多様な感性のことをダイバージョナルセラピーではマルチセンス（Multi-sense）といいます。季節の花や生活用具など、実物に触れる感覚など、マルチセンスはDTプログラムのベースとなる

明るい廊下の一隅のソファに、いつでも読めるように新聞や雑誌が置かれている（介護老人保健施設ユーカリ優都苑/千葉県）。

ものでもあります。特に認知症や重い障がいを伴ったり、ターミナル期にある人などにとっては、感性こそ最後に残された健康な部分であるといえます。これについては、「SONASセッション」(87頁)や「センサリーアプローチ」(111頁)の項で詳しく述べます。

❻ 興味とわくわく感

個人にとって興味のもてるプログラムに参加したり、お気に入りの物を身近に置き、なじみの環境を整える一方で、目新しいことにチャレンジしたり、初めての体験や、ちょっと危ないけどわくわくするような経験も、時には必要です。「DTワーカーは、危険と安全のバランスを見極める目をもたなければなりません。人生には"キワキワを楽しむ"ことも大切な要素となります」と、DTワーカー養成講座の講師でもある新野三四子氏 *3 はいいます。

❼ チャレンジと変化

高齢者だから昔懐かしいことがいい、認知症だから慣れ親しんだことしかできないと思い込んではいないでしょうか。都会育ちで園芸など興味もなかった男性が、施設に入所してから花の世話に熱中し出したり、犬嫌いだとみられていた女性がドッグセラピーを楽しんでいたりといった例も多くあります。また、毎日同じ体操、同じような歌などと、同じことを繰り返していると刺激がなくなり、脳は眠ってしまいます。新しいことにチャレンジしたり、適度に変化を設けたり、笑って前向きに捉えられるような失敗をしたり…といった"刺激"は、日常生活になくてはならない活性要素です。

DTプログラムの一つ、SONASセッションでは色とりどりの季節の花に触れて、そのにおいや感触を楽しむ（橋本病院／香川県）。

*3
新野三四子氏：追手門学院大学経済学部教授。専門分野は社会福祉学。特にDTワーカーを含む福祉ワーカーの教育に尽力。日本DT協会監事。

「雨のSONAS」の途中で、外に出て小雨の中を歩いてみた。入居者はぬれるのもかまわず久々の雨体験で、わくわく気分に（特定施設のんびり村花岡／山口県）。

「たまには本物のボーリングがしたい」と、街のボーリング場へ。重いボールにもチャレンジ（デイサービスユーカリの丘／北海道）。

2　DTプログラムを考えるときの視点

次に、レクリエーションやアクティビティのプログラムを考えるときの視点です。何気なく行っているアクティビティなどを「5W1H」で見直して

みましょう。例えば、ユニット型の特別養護老人ホームで「新しい入居者がなじめずに孤立しているので、レクリエーションを計画する」とします。

- Who：新しい入居者を交えてユニットの全員を参加対象とする。
- Why：新入居者を仲間として迎え、親しんでもらうため。
- What：誰もが参加できるゲームとしてビーチボールバレーを選択。
- Where：みんなが新鮮な気分になれるようにユニット以外の場所を選ぶ。食堂に飾りつけをして歓迎会の雰囲気を出す。
- When：入居者が眠くなる昼食後は避ける。午後はおやつや夕食の準備で厨房が忙しいという事情と午前中の活性という目的もあって、実施は午前10〜11時とする。
- How：1週間ほど前に「〇〇さんの歓迎会」と、ポスターなどでお知らせをする。〇〇さんには「招待状」を手渡す。ビーチボールには自己紹介用の「質問」を書いておく。例えば「好きな食べ物は？」「好きな歌は？」「好きな色は？」など。ボールを受け取った人は、それらの質問に答える。職員は、一人は入居者と同じように座って質問や答えをサポートし、一人は、進行をサポートする。ゲームは短めに終わり、その後、丸く座ったまま、好きな飲み物を飲みながら歓談する。

もし体力に余裕があれば、フィナーレは色とりどり、たくさんの風船を飛ばしてみると、びっくりするほど体全体をよく動かすことができる。気分も高揚し一体感が生まれる（グループホームまぜの里／徳島県）。

以上のようにプログラムを計画することができます。いつも何気なく行っているレクリエーションやアクティビティも、このような視点で見直してみると、今まで以上に楽しく効果的なプログラムになるでしょう。

2　グループプログラムと個別プログラム

　日本には時として「個別レクはいいが集団レクはよくない」という見方をされる場合があります。それは、集団（グループ）では個人の個性やコミュニケーションにあまり重点が置かれず、いわゆる"十把ひとからげ"的に職員主導でプログラムが進められてきたことへの反省からかもしれません。

　オーストラリアのダイバージョナルセラピーでは、グループで行うプログラムは「ベースプログラム」として、最も基本となるプログラムであると位置づけられています。ここでは、元オーストラリアDT協会理事長 Linda Martin 氏の日本における講演をもとに、DTプログラムを、① Base Programs、② Individual Programs、③ Therapeutic Programs の3つのカテゴリーでみていきます。

1　ベースプログラム (Base Programs)

　グループで行うプログラムのことで、施設で実施されるDTプログラムのベースとなるものです。最も重要な目的は社会性です。入居者が暮らしている施設を一つのコミュニティ（地域社会）とみなし、一人ひとりの入居者は施設に入ってもこれまでと同様に、社会の一員として尊重され、所属感（仲間意識）がもてるように支援するのが、このベースプログラムです。決して"個を見ない集団"ではなく、プログラムの実践の中では、一人ひとりに焦点を当てながら、いかにしてこの"社会"の中で孤独感や孤立感を感じることなく、楽しく調和して生きていけるかがテーマとなります。そしてこれらの活動は次のような効果が期待されます。

SONASセッションのフィナーレは、好みのレイを着けてフラ。立ち上がって踊る参加者も。気分の高揚が身体活動をも活発にする（橋本病院／香川県）。

　プログラムの例を以下に挙げます。

❶ 身体的活動
　体を使うことによって心身を活性させる効果（グループで行うホビーや創作活動にあたる園芸、工作など。ボーリング、風船バレーなどの集団ゲームや散歩、体操、ダンスなどのエクササイズなど）。

❷ 心理的活動
　心のエクササイズともいわれ、集中力や思考力を増進させる効果（読み書き、計算、音読などの知的トレーニングとしてカルタやトランプ、百人一首など。チェス、囲碁、将棋、麻雀、野球ゲーム、サッカーゲームなどのグループで行うボードゲームなど）。

❸ 文化・精神的活動
　自らの存在感を維持する（宗教行事やセレモニー、季節にちなんだ行事、地域のイベントなどへの参加、伝統芸能や技術、歴史的文化の鑑賞など）。

❹ 感情的活動
　本来の豊かな感情表現を顕在化し、生きる意味や目的を再確認する効果（SONASセッション、回想的プログラム、音楽、アート創作、個人の記念日や大切な日のセレモニーなど）。

日本の春恒例のお花見も「大地のぬくもりを感じよう！」と車椅子から離れて芝生の上に座ってみる（介護老人保健施設ユーカリ優都苑／千葉県）。

　これらはすべて「社会性」というテーマを含んでいます。そこに特化し、さらに現実の地域社会にまで活動を広げて展開されたものを「ソーシャルプログラム」 *4 と呼んでいます。

　このようなベースプログラムは、月間DTプログラム（DTカレンダー、

*4
ソーシャルプログラム
地域での散歩、地域の一員として行事や町内会のミーティングなどへの参加、学校訪問、メンズクラブ、婦人会（女子会）、ボランティア（入居者の活動として）などがある。

図6）のようにわかりやすく興味を引く表現を用い、共有スペースやリビング、談話室などに掲示して、入居者自身がどれに参加したいかを選べるようにします。

地域の小学校からの依頼で、グループホームの入居者たちが毎月、授業参観。ソーシャルプログラムの継続による成果の一つ（グループホームのんびり村米川／山口県）。

2 個別プログラム (Individual Programs)

　その一方で、誰もが同じプログラムを好むわけではなく、個人の身体機能や能力にも差があります。そこでダイバージョナルセラピーには一人ひとりに応じた個別プログラムも組まれています。後述するルームビジットはその一つですが、あくまでもクライアント個人に焦点を当てるため、プログラムは無限にあるということになります。

　アロマセラピーやドールセラピー、歌や楽器演奏を個別に行う音楽療法、対話や聖職者の訪問など、クライアントと1対1で実施されるものの他に、ベースプログラムに独力では参加できなくても、介助者が手助けすることによって楽しめるというような場合は、その人の個別プログラムとして参加が組み込まれます。また施設外のプログラムに一人で、または介助者に伴われて参加できるように配慮することも、個別プログラムとなります（「入居者マギーさんの事例」81頁）。

　このように、個人の希望をできるだけ実現させるためには時間も人手もかかります。そこでダイバージョナルセラピストはボランティアのコーディネートも担当することになるのです。元オーストラリアDT協会理事長のLinda Martin氏が統括する地域の3つの施設では、300人の入居者に対して200人のボランティアが登録されているといいます。これらのボランティアが的確なアシストができるようにボランティアへの教育も必要ですし、そのスキルや考え方がクライアントとマッチす

一人のDTアシスタントが二人の入居者の個別プログラムとしてピアノを弾いて歌を楽しんでいる。このような小グループでの個別プログラムもある。

3 治療的プログラム (Therapeutic Programs)

　治療的プログラムではレジャーをある種のツールや薬のように使って、クライアントの特定の機能障害や精神的な症状、認知症の行動・心理症状（BPSD）などをどのように改善していくかということに注力します。その方法は、理学療法士や作業療法士がリハビリテーションによって日々の日常活動を改善していこうとするやり方と似ていますし、医師が特定の疾患に特定の薬を処方することと通じるものがあります。日本での事例を用いて説明しましょう。

事例：「非薬物療法」としてのドールセラピー

　ドールセラピー（107頁）の導入と精神科医の協力でBPSDを改善した事例です。Y子さんは、東広島市の宗近病院の認知症治療病棟に介護施設から転院してきました。車椅子使用で、歩くことはできません。認知症もかなり進んでいて周囲とトラブルが絶えず、激昂して他患者にけがをさせることもありました。しかしYさんは未婚でしたが、甥をわが子のように可愛がって育てたという一面もあることから「彼女には面倒をみたり可愛がる対象が必要なのでは？」と考えた八木喜代子看護師長が、ドールセラピーの人形「たあたん」（資料編「DT関連グッズ」158頁）をそばに置いてみることにしたのです。すると、彼女の様子はすっかり変わりました。まるで別人のように穏やかに「たあたん」に語りかけ、得意の裁縫の腕を発揮して「たあたん」の着物を縫い、周囲の人とも人形を介して会話するようになりました。そこで医師、看護師、ケアワーカーもY子さんのドール（甥の名前を付けた赤ちゃん）への愛情を共有。主治医と相談しながら、向精神薬の投与を少しずつ減らし、3カ月でゼロにしました。その後10年間、Y子さんはほとんど薬を飲まずに穏やかに暮らして、2013年に永眠されました。

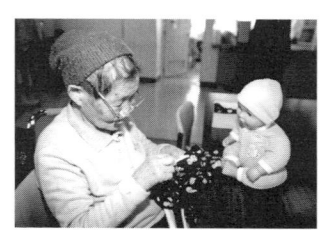

Y子さんが裁縫が得意だったことから、病棟の中で安全に針仕事ができる環境が用意された。

「この子のために…」と着物を縫い、愛情を注ぐ対象を提供し、医師、看護師が連携してY子さんの精神的な苦痛を和らげ、彼女自身の本来の姿を取り戻すことで非薬物的にBPSDの治療的成果を得た。

　このように、ダイバージョナルセラピーではレクリエーションやレジャー活動だけにとどまらず、宗教から椅子まで、その人のあらゆる側面から、あらゆる方法でアプローチし、「生きる意味と生活の質」を維持し、向上させることに専門性を発揮します。「全人ケア（Holistic Care）」といわれるゆえんです。

3 オーストラリアにみるDTプログラム

筆者は2015年までに42回オーストラリアを訪問し、その多くは高齢者施設や病院を訪ね、ダイバージョナルセラピーについて学び、取材することに費やしてきました。そこには、実に興味深いダイバージョナルセラピーの実践があり、多種多様なプログラムが施設での生活に組み込まれ、展開されていました。

それぞれの施設には必ず図6のようなDT月間プログラム（DTカレンダー）が掲示されています。ここには先に挙げた「ベースプロ

オーストラリアの高齢者入居施設でみた「DTグッズの倉庫」。さまざまなレクリエーションやイベントの用品が備わっている。

6月 June

月曜日	火曜日	水曜日	木曜日	金曜日	土曜日	日曜日
28 モーニングティーとアフタヌーンティーは毎日あります。	29 Libary バス(移動図書館)は、4日(月)に来ます。	30 8日と29日のJanine Planningに、もしよいアイデアがあったら、私に知らせてください。	31	01 エンタテイメントデー 09:30 キャス＆アラン 13:00 ルームビジット 14:00 歌いましょう！	02 10:00 ガーデン散歩（ガーデニング） 15:00 映画会	03 Leeと一緒に音楽しましょう！
04 09:00 軽い運動 10:00 トランプゲーム 13:00 ルームビジット 14:00 新聞を読む会	05 ショッピングデー 09:30 ビンゴゲーム 10:00 手芸クラブ 13:00 ショッピング 14:00 マッサージ	06 09:00 軽い運動 09:30 アートクラブ 13:00 売店オープン 14:00 センサリーセラピー	07 09:00 教会サービス 09:30 クラフト会 13:00 高校生来訪 14:00 ハンドマッサージ 16:00 ルームビジット	08 10:00 ビンゴゲーム 13:00 ルームビジット 14:00 ニュースを観る Janine Planning	09 10:00 ガーデン散歩 15:00 ゲストの日（元・機関士を招いてトーク）	10 Leeと一緒に音楽しましょう！
11 エリザベス女王誕生日 14:00 映画会 18:30 ダンスパーティー	12 09:30 ビンゴゲーム 10:00 Hoyゲーム 13:00 売店オープン 14:00 静かな音楽を聴く会	13 バスツアーの日 11:30 ピクニックランチ 16:00 ニュースを観る	14 09:00 軽い運動 14:00 回想法 16:00 ルームビジット	15 スペシャルイベント 09:30 ガーデン茶会（地域＆家族）（スイーツの露店） 16:00 新聞を読む会	16 10:00 ガーデン散歩（ガーデニング） 15:00 映画会	17 Leeと一緒に音楽しましょう！
18 09:00 軽い運動 09:30 アートクラブ 10:15 ボーリングゲーム 14:00 新聞を読む会 16:00 ジャズを聴く会	19 09:30 ビンゴゲーム 10:00 SONAS 13:00 売店オープン 14:00 くつろぎタイム 16:00 ルームビジット	20 手紙を書く日 16:00 手紙を書く 14:00 ソフトな音楽を聴く会	21 09:00 教会サービス 09:30 クラフトの会 13:00 高校生来訪 14:00 回想法 16:00 ハンドマッサージ	22 エンタテイメントデー 09:30 ピアノとアコーデオン演奏 14:00 ルームビジット	23 10:00 ガーデン散歩（ガーデニング） 15:00 映画会	24 Leeと一緒に音楽しましょう！
25 クッキングの日 09:00 軽い運動 09:30 クラフト会 11:00 クッキング＆ランチ 14:00 連想ゲーム	26 09:30 ビンゴ 10:00 メンズクラブ 11:30 ルームビジット 13:00 売店オープン 14:00 ルームビジット	27 0900 軽い運動 10:15 町を散歩 14:00 Janet Reeコンサート	28 09:00 軽い運動 09:30 クラフトの会 13:00 回想法 15:00 ハッピーアワー 1階ラウンジにて	29 10:00 誕生日祝いとコンサート 13:00 プランニング 14:00 センサリーセラピー Janine Planning	30 10:00 ガーデン散歩（ガーデニング） 15:00 映画会	01
02	03			Please contact to Diversional Therapist:Janine anytime.		

図6 DT月間プログラム（オーストラリアの例）

グラム」（70頁）が中心に掲載されていますが、ほとんどの施設で定期的に行われている代表的なプログラムの例をいくつか紹介します。❶と❷は必ずしもDTプログラムではありませんが、ダイバージョナルセラピストがかかわることの多いものです。

❶ モーニングティーとアフタヌーンティー

モーニングティーとアフタヌーンティーはオーストラリア人の生活に欠かせないものの一つです。その日の記念日などに合わせてテーブルや食べ物をアレンジしたり、夕暮れ症候群を考慮して、アフタヌーンティーを午後5時からにしている施設もあります。モーニングティーはテラスなど屋外でとることも多くみられます。

施設のガーデンには、ティータイムを楽しんだり食事のできる設備が備えられている。

❷ 教会サービス

職員としてチャプレンが勤務している場合と、定期的に聖職者（牧師、神父など）が通って来て祈りの時間をもつ場合があります。地域の教会へ行ったり、施設の中に教会や礼拝堂を設置しているところもあり、何らかの形で必ず"祈りのスペース"が設けられています。

高齢者入居施設のチャペル（シドニー）。「信仰」は大切なライフスタイルの要素として、入居しても継続できるように配慮される。

❸ エンターテインメント

ナイトクラブなどで演奏しているミュージシャンは、昼間は暇なので安いギャラで来てくれるとのことで、施設では朝から生演奏で歌ったり、ダンスしたりといった光景によく出会います。ファンドレージング（寄付集め）としてタレントを呼んでコンサートなどを開催することもあり、地域住民が参加して寄付に協力します。

プロのミュージシャンのジャズやロック調の演奏に、無表情に座っていた男性入居者もおもむろに踊り出す。

❹ ハッピーアワー

夕方、入居者たちが着飾ってリビングに集まってくるのは、たいていハッピーアワーです。お菓子や軽食、飲み物など、好きな物を選んで楽しみます。ワインや、ビールで乾杯といった光景もみられます。

❺ メンズクラブ

多くの施設で実践されているプログラムで、施設の援助を受けながらも男性入居者が自主的に運営します。詳しくは第2部第3章「DT

ヴィクトリア州にある高齢者入居施設Bupa Bellarineのガーデンには車の好きな男性入居者たちのために赤いポンコツ車が1台。物置小屋（シェド）には、釣りや大工、ペンキ塗り、ガーデニングのための道具が用意されている（「メンズクラブ」103頁）。

プログラムの実践例（87頁）」で紹介します。

❻ プレイクラブ

全国的なボランティア組織として運営されている若い母親たちの活動です。幼児を伴って入居施設などを訪問し、入居者とのふれあいを楽しむプログラムで、生後数週間から参加する親子もいます。各施設には、子どもたちのための遊具が設置されていて、子どもたちにとってはマナーや高齢者との交流を学ぶよいチャンスともなり、高齢者には大きな喜びと刺激になっています。

Bupa Bellarine のプレイクラブは週に一度、開催されている。

❼ ルームビジット（またはインディビデュアルビジット）

ターミナル期で寝たきりの人や、閉じ込もりがちな入居者の部屋を個別に訪ねて1対1で行う個別プログラムです（115頁）。その人の関心事を話題に会話を楽しんだり、本や新聞を読んだり、時には外へ散歩に行ったり、ベッド上でできるゲームやアロマセラピーやマッサージなどを行うこともあります。また音楽療法士が楽器をもって各部屋を回ったり、犬や小鳥なども一役買います。

❽ 図書館（または移動図書館）

施設に図書室を設けているところが多いですが、それとは別に定期的に地域から大型車などで移動図書館が回ってきます。「トロリーライブラリー」などと呼ばれて、ワゴンに図書を積んでダイバージョナルセラピーの担当者が入居者の部屋やリビングを回ることもあります。

定期的にやって来る「移動図書館」。中には大きな文字の書籍（写真右）がたくさん所蔵されている（Selwyn Village/ ニュージーランド）。

多くの入居施設には、このような図書室が設けられている。

❾ バストリップ

施設の専用バスなどで、公園や動・植物園に行って散歩したり、ショッピングやモーニングティー、ピクニックなどにも出かけます。

❿ エクササイズ

道具を使ったり、音楽や体操のDVDに合わせたり、さまざまなエクササイズが工夫されています。タイチー（太極拳）も盛んに行われています。

入居施設では太極拳も人気プログラム。

⓫ ガーデン散歩と園芸

オーストラリアでは、施設にガーデンは必須です。基本的に、建物から自由にアクセスできるように設計されていて、五感に心地よく働きかける「センサリーガーデン」としてデザインされたものもあります。園芸を楽しめたり、小鳥のゲージが設置されていたりとさまざまに工夫されています。ガーデン内に「バス停」を設置している施設もよくみかけます。コミュニティの雰囲気を出す効果があり、徘徊のある人もバス停があると立ち止まってベンチに座っているといいます。「シェド（物置）」や伝統的なタイプの洗濯物干しポールなど、一般家庭にあるものを設置するのも、認知症を伴う人の回想や安心感のためでもあります。

施設のガーデンに設置されたバス停。認知症を伴う女性が花を摘みながら歩いていた。

認知症専門デイケアセンター（シドニー）に設置された洗濯物干しポール。高齢者が使い慣れた伝統的なタイプ。

⓬ ゲーム（ボールゲーム、ビンゴ、ワードパズル、トランプ、多様なボードゲームなど）

複数の参加者で行うボードゲームは、ルールを守ったり、点数を競ったり、コミュニケーションを促進する「ソーシャルな遊び」として、認知症のリスク軽減にも効果があるとされます（DT Café「レジャーは認知症の発症率を低下させる?!」18頁）。

入居者同士でテーブルを囲んでゲームを楽しむ。

⓭ テレビやビデオ鑑賞

ビデオによる映画会です。映画館のようなしつらえのビデオルームをもっている施設もあります。リビングなどでテレビをつけっ放しにされていることはほとんどなく、テレビは必要に応じて、見たい人が個室や別室で見るのが原則です。

街の映画館をイメージしたビデオ鑑賞室。

安楽なソファーに座って好みのテレビ番組を見る入居者。広いリビングでテレビをつけっ放しにするといった光景はみられない。

⓮ 緩和ケアにおけるダイバージョナルセラピー

オーストラリアでは亡くなる人の36％が家庭で何らかの緩和ケアを受けているといわれ *5、病院ベースでは緩和ケア専門のデイサービスも行われています。入居施設では、心理、精神的な面での緩和的アプローチとして、レジャープログラムや各種のセラピーをダイバージョナルセラピストが担当しています。緩和ケアにおけるダイバージョナルセラピーの役割は「レジャーという手段を用いて、死にゆく個人個人が最期まで十分に生きることができ、その人にとってのGood Death（よい死）を迎えられるように手助けするもの」であると、元オーストラリアDT協会理事長のVanessa Ogborne氏は日豪DTシンポジウム（2006年）の基調講演で語っています。

*5
『シニア・コミュニティ』2006年7・8月号／芹澤隆子，オーストラリアの緩和ケア．Banksia Palliative Care Service, 2006

⓯ 精神科におけるダイバージョナルセラピー

まだ数は少ないですが、精神科クリニックや病棟でも心理学などの知識をもったダイバージョナルセラピストが活動するようになってきました。クインズランド州立プリンセス・アレクサンダー病院の精神科病棟、高齢者ユニットで2007年からダイバージョナルセラピストとして働いてきたIan Platell氏は、「重度の精神疾患を伴う患者が入院する州立病院の精神科におけるダイバージョナルセラピーは、州としても初めてのケースだったので、まず病棟の環境改善から取り組まなければならなかった。今では壁紙から調度品まで家庭的なものに変えて、治療的プログラムを開発しながら、現在ではガーデンでバーベキューを楽しむまでになった」と話しています。

精神科・高齢者ユニットのDTプログラム。音楽やアート、エクササイズ、料理などのプログラムがカラフルに表示されている。

⓰ 刑務所でのダイバージョナルセラピー

ダイバージョナルセラピーは、2007年にクインズランド州が他州に先駆けて導入しました。担当するのは元オーストラリアDT協会理事長のVickie Kimlin氏 *6 です。ウォルストン刑務所の620人の男性受刑者は高齢化が進み、精神疾患を伴う人も多くみられます。ここではダイバージョナルセラピストは環境改善から福祉用具の調達まで行い、「刑務所でのダイバージョナルセラピーの目標はレジャーや治療的プログラムを通して自立したライフスタイルを促進することと、自己決定する習慣を身につけること」とKimlin氏はいいます。「受刑者にもモチベーションが必要なので、ある程度のチョイスを与える」「犯罪を繰り返すのは、人生の本当の楽しみ方を身につけていないから。レジャー教育という面でも十分、ダイバージョナルセラピストとして働きがいのある分野だ」というKimlin氏は、オーストラリアで最も厳しいセキュリティの中で働いているダイバージョナルセラピストです。

*6

Vickie Kimlin氏：クインズランド州ウォルストン刑務所Health Serviceに勤務するダイバージョナルセラピスト。元オーストラリアDT協会理事長。

⓱ リハビリテーションにおけるダイバージョナルセラピー

この分野でもダイバージョナルセラピーの領域は広がってきています。都

市部のリハビリテーション病院ではDT部門が設けられているところもあり、シドニー近郊にあるマウント・ウィルガ私立病院では、「ダイバージョナルリハビリテーションセラピー（DRT）」という科目名を使っています。またニューサウスウエルズ州立リバプール病院の脳がいユニット（Reverpool Hospital Brain Injury Rehabilitation Unit）では、事故や自殺未遂などによる重い脳障がいを伴う若い患者に対するダイバージョナルセラピーが重要な役割を果たしています。どちらも、レジャーを通して心をいやすとともに社会復帰を目指しています。シドニーのロイヤルリハビリテーションセンターにはゴルフコースやテニスコートが設けられ、車椅子の人もスポーツを楽しめるよう補助機器の開発や障がい者スポーツのトレーニングも行われています。まさに「レジャー復帰」です。

このように、ダイバージョナルセラピーの領域はどんどん広がっており、心理学や教育学、老年学、社会学など多様な学位を取得するダイバージョナルセラピストも増えてきています。

マウント・ウィルガ私立病院のDT部門のタイムテーブル。Diversional Rehabilitation Therapy（DRT）という診療科名が付けられ、手先など細かい動きを主としたグループ（Fine Motor Group）と、体の総合的な動きを主としたグループ（Gross Motor Group）に対するプログラムの他、個別や病棟でのプログラムも組まれている。

下肢に障がいがあってもゴルフが楽しめるように設計されたカートが開発されていた（ロイヤルリハビリテーションセンター）。

4 建築デザインと環境作り

オーストラリアの高齢者施設では、第1部で述べた高齢者介護基準監査（「ダイバージョナルセラピーの社会的背景」4頁）の他に建築についての監査も受けます。そのとき、よい評価を得られるとされる条件の中にも、ダイバージョナルセラピーに通じる興味深いものがあります。

- カーテンやカーペット、壁紙、調度品に、家庭で使われているようなタイプを使う（Homelike Emvironment）
- 施設の中に街（コミュニティ）を作る（美容院、ショップ、カフェなど）
- 美しいガーデンを設ける（センサリーガーデンなど）
- アウトドアで食事ができる（ティータイム、バーベ

入居施設のカフェ。地域でよく見かけるようなデザインに。

入居施設のテーブルセッティング。ごく普通の家庭にみられる風景だ。

キューなど）
- キッチンや食堂は家庭的で広過ぎないこと

この他にも、オーストラリアやニュージーランドで見つけた施設建築のアイデアを紹介しましょう。

- 認知症ユニットは1階に設置して、自由にガーデンにアクセスできるようにしておく：「認知症は閉じ込めてはいけない」というのがオーストラリアの一般的な認知症ケアの考え方です。屋外に出ることで自然からの心地よい刺激を受けることができ、「ガーデン散歩と園芸」の項（76頁）で述べたように、回想や興味を喚起し気分を転換できるような要素やデザインが奨励されています。

- 禁止しないデザイン：「閉じ込めてはいけない」けれど、自由に出て行っては危険な場所もあります。そのようなときにはクライアントに「ドアがある」と気づかせない工夫があります。つまり「閉じ込められている」と感じさせない"禁止しないデザイン"です。室内のデザインに溶け込んだ楽しい絵画が、認知症を伴う入居者や職員の気持ちまで和らげてくれます。

「認知症ユニットは自由にガーデンにアクセスできるように」と推奨される。

そのガーデンは安全に歩けるだけでなく小鳥のゲージや園芸スペース、バス停など楽しめる仕掛けが設けられている。

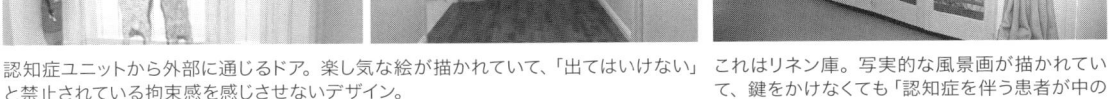

認知症ユニットから外部に通じるドア。楽し気な絵が描かれていて、「出てはいけない」と禁止されている拘束感を感じさせないデザイン。

これはリネン庫。写実的な風景画が描かれていて、鍵をかけなくても「認知症を伴う患者が中のものを持ち去るということがなくなった」という。

5 オーストラリアの施設におけるダイバージョナルセラピー

オーストラリアの施設では、朝9時頃からすでにDTプログラムが始まっているかと思うと、夜の7時頃からダンスパーティを催したりすることもあり、施設全体で1日にいくつものレクリエーションやレジャープログラムが組まれています。個別や小グループのアクティビティも含めると、相当な時間数になると考えられます。これだけあれば、「自由と選択の権利」（21頁）を掲げていることもうなずけます。ダイバージョナルセラピストというDT専任者がいることの強みかもしれません。

ユニークな例では、毎朝、オープン前のショッピングセンターにウォーキングにいくという入居施設がありました。すいているからというのが理由です。歩き終わる頃にはカフェも開いてモーニングティーというわけです。

また、ある入居施設では長期間にわたって、入居者、職員、家族も合わせて歩いた歩数を集計し、オーストラリアを一周しようというプログラムもありました。大きな全国地図を掲示して歩いたルートに色をつけていくのです。地図の周囲には、何枚ものサイン入りの立派なレターが額に入って飾られていました。到達した（つもりの）町の市長さんに手紙を書いて「お祝いレター」をもらったのだとか。ユーモアとモチベーションたっぷりのプログラムです。

庭にペットのお墓があったり、ドアに猫専用の小さな出入り口があったり、小鳥の世話をする専用ワゴンが用意されていたり…というのも、「ペットと一緒に入居したいですか？」という項目がDTアセスメントに入っている施設が多いからです。実際、猫やウサギ、犬、小鳥などはよくみかけます。

このようなアクティブなプログラムだけでなく、あまり活動的でない入居者や重度の認知症、緩和ケアやターミナル期にある入居者のためのプログラムも用意されています。音楽療法、マッサージセラピーやアロマセラピー、聖職者によるパストラルケア *7 、マルチセンサリーセラピーなどで、日本のダイバージョナルセラピーでも少しずつ取り組みが始まっています。

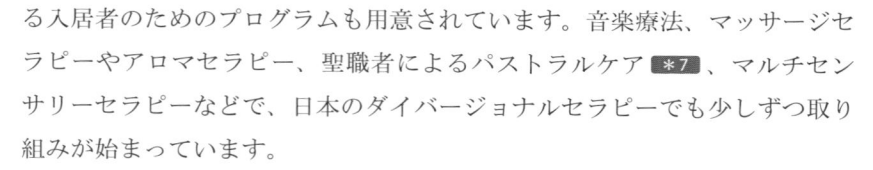

緩和ケアユニットに勤務するダイバージョナルセラピストに「緩和ケアと他のユニットとのプログラムの違いは？」と聞いたことがあります。彼女は「できるだけ多く、ガーデンにお連れして、自然に触れさせてあげること」と答えました。決して寝たきりにはさせないで、コンサートやレクリエーションにも積極的に参加することで心から楽しみ、少しでも痛みから解放されることにより、生きている実感をもってもらうのだといいます。

そのために、オーストラリアやニュージーランドの施設には必ず、座位が保てなくなった重症の人が安楽に座れる（ベッド状にもなる）「ジェルチェア」または「フローテーションチェア」などと呼ばれるソファのような車椅子があります（資料編「DT関連グッズ」158頁）。

このような多彩なプログラムの中から、実際に日本の施設でも実践し、日本のダイバージョナルセラピーとして定着したものも少なくありません。その代表的なプログラムが、ドールセラピー、SONASセッション、ソーシャルプログラム、メンズク

ペットのお墓。

*7
パストラルケア
病院や施設で患者や入居者の心のケアを専門的に行うことで、欧米では通常チャプレン（46頁）がその任にあたっていることが多い。

ターミナル期や緩和ケアを受ける入居者も、安楽に座れるジェルチェアなどで屋外へ。最期まで楽しみを諦めないDT実践の一つ。

ラブ、ライフボード（グッドフィーリングポスター）、センサリーセラピー、ルームビジット、神社や仏壇、神棚の設置など「生活文化としての宗教」の導入などです。これらについては第3章で述べるとして、オーストラリアダイバージョナルセラピーの事例を一つご紹介します。

入居者マギーさんの事例

　マギーさん（仮名）は2002年頃に都市ブリスベンのナーシングホーム（当時）に入所。担当のダイバージョナルセラピストはVickie Kimlin氏（以下、Vickieさん）でした。マギーさんは50代で脳障がいのため失明しました。一人住まいで生活にいき詰まった彼女は、人生に希望をなくして「死にたい」と繰り返し、遠くの州に住む息子が心配してナーシングホームへの入居をすすめました。平均年齢が80代で認知症の高齢者も多いナーシングホームの中で、マギーさんは目の不自由に加えて同世代の話し相手もいないという孤独に陥っていきました。アセスメントから彼女が海が大好きで、特にイルカに関するコレクションをたくさんもっていることを知ったVickieさんは、さっそく彼女の"部屋作り"を提案しました。

愛猫を抱いて施設内を歩くマギーさん。

　マギーさんの部屋は彼女の大好きなイルカのコレクション（ガラス製）や絵画で埋め尽くされ（バスマットやベッドカバーまで！）、彼女の好きな音楽CDもたくさん居室にもち込まれました。そして飼い主を亡くした猫を紹介されて、彼女が新しい"主人"になりました。彼女が自宅で生活していたときとほとんど変わらない環境が、ナーシングホームの中に整えられました。息子からの愛情あふれる手紙は額に入れて、マギーさんがいつでも手で触れられる位置に掛けられました。

　「目が見えないのだから、ガラスのコレクションを並べるなんて危険だ」という理由はあまり意味をもちませんでした。Vickieさんは筆者に「これが権利憲章（資料①「ナーシングホームにおける入居者の権利と責任の憲章」142頁）にある"リスクを受容する権利"だ」と説明してくれました。

　次にVickieさんが取り組んだのは、彼女の"自信回復"と"友だち作り"でした。マギーさんに、「まだまだ自分には楽しめることがある」「共に楽しめる仲間がいる」ということをわかってもらうためのさまざまなプログラムを考え、一緒に地域へも出かけていきました。そんな中で出会ったのがローンボーリング *8 でした。視覚障がい者のチームに入り、地域の練習場に出かけていくうち、同世代の友人もでき、めきめきと腕を上げて、ついに地域の大会で優勝するまでになりました。

*8
スコットランド発祥の芝生の上で行うボールゲーム。

束縛を嫌い、もともと勘のよかったマギーさんは、愛猫を抱いてホーム内を杖も使わずに自由に歩き回ります。そこにリスクが存在しないわけがありません。あるとき、筆者が訪れると、彼女の腕にはギブスがはめられていました。しかし彼女の笑顔に変わりはありませんでした。そして何度目かの訪問をしたとき、腕はすっかり治っていましたが、その腕にいつもの黒い猫の姿はなかったのです。何週間か前に死んでしまい、彼女は非常に落胆しましたが、友人や入居者でお葬式をしてなぐさめたといいます。次に訪問したときには、彼女は猫のぬいぐるみを抱いて、愉快そうに笑っていました。

好きなイルカや海のグッズに囲まれて、笑顔を取り戻したマギーさん。腕を骨折しても「自由に歩き回りたい」という意思は変わらない。

　Vickieさんはマギーさんの自由を尊重しながら、新たなチャレンジの方向へ導いていき、入居者たちとの友交にも成功しました。

6　特別なニーズをもった高齢者のレジャーにおける留意点など

　DT実践の際は、医療者との連携をとりながら一人ひとりの医療的なニーズも把握したうえで、次のようなことに留意する必要があります。ここでは、DTワーカー養成講座の講師でもある広沢正孝氏 *9 と、オーストラリアで長くダイバージョナルセラピストの教育にあたったPeggy Skehan氏の講義録をもとに、DTプログラムを実施するにあたって留意すべき事柄を筆者の経験とあわせて記しておきます。

*9
広沢正孝氏：順天堂大学大学院スポーツ健康科学研究科教授。東京都内で精神科医として臨床にも携わる。

1　軽度認知症（MCI）

　広沢正孝氏によれば、高齢者にみられやすい精神障害を「4D症状」として次のように挙げられます。
- Dementia　認知症
- Depression　うつ
- Delirium　せん妄
- Delusion　妄想

　そして、認知症の中でも最近特に注意したいのは、軽度認知症（Mild Cognitive Impairment：MCI）と呼ばれる症状だと広沢氏は次のように警鐘を鳴らします。

　「MCIの人は一見、認知症とみられがちですが、基本的な認知機能は保

たれていて、日常生活はできます。客観的に記憶障害（新しいことを覚えられない、維持できない、思い出せないなど）があって、その物忘れを自覚しているというのが特徴です。本人の状況をよく聴き取れば、本来の認知症でないことは診断できます。何らかの理由で「心の機能」や「脳の機能」に異変が生じていることは確かですので、症状の進行を抑えるためにも、適切な対応は必要になります。しかし自分でも認知症が始まったと思い込んで悩んだり、記憶をめぐる身近な人との食い違いが生じたりすると、本人の不安は増大し、ときには抑うつ症状も出現しかねません。このような認知症と紛らわしい症状を伴う人には、正しい診断を受けたうえで、本人が好ましく思うレクリエーションやアクティビティに参加するよう奨励して気分転換を図るなど、ダイバージョナルセラピーの役割があるのではないでしょうか」

2　心臓・循環器疾患

　体力のレベルが落ちているはずですので、DTプログラムを提供するときには、十分な休憩時間をとるよう配慮します。自分でコントロールできない人には特に注意し、ダイバージョナルセラピストが調整の配慮をしなければなりません。また、医師や理学療法士などと相談する必要があります。

3　骨に関する疾患（関節炎や骨折、骨粗鬆症など）のある人

　骨疾患のある人は、柔軟性や移動性が低下しています。慢性の痛みがあるかもしれません。そのような人たちは、まず心地よい状況に置かれなければなりません。関節炎で慢性の痛みがあり病弱な人がアクティビティに参加しようとするとき、その椅子が体に合っていなければ痛くて楽しめません。同じ姿勢で座っていることも苦痛を伴います。トランプやボードゲームなど手先を使うプログラムには補助具が必要なときもあります。作品を作る、ペインティングなど、細かい動き（Fine Motor Skills）を要求される作業よりも体をゆっくり大きく使って動く（Gross Motor Skills）ような作業を選ぶことをすすめます。

4 脳障がいのある高齢者（脳卒中、神経の障がい、脳腫瘍など）

　認知症を伴わない脳障がいもあるので認知症とは区別すべきですが、多くの人が、考える、分析する、記憶するなどの能力が低下しています。このような人には"失敗のないアクティビティ"を考える必要があります。新しいことを学んだり、身につけたりすることは難しいので、慣れないゲームやアクティビティは避けるべきかもしれません。問題解決や意思決定の能力、集中力も低下しがちです。脳障がいの人のアクティビティでは、定期的に指示を出す必要があります。そして自分で考え処理できる十分な時間を与えます。なじみのプログラムにも、変化をつけて楽しめるようにしましょう。

　体の一部が麻痺していたり、痛みや温度を感じる能力、言語、嚥下能力も低下もしくは失っているかもしれません。そのために非常にストレスを感じ、集中力を失ってしまうことがあります。しかし、これらの症状の程度やあらわれ方は個人によって違うことをわかっていなくてはなりません。嚥下障がいのためよだれが出て恥ずかしい思いをしているかもしれませんし、話ができないために認知症と間違われる場合もあります。感情的な状況も考えなければなりません。また、うつ状態にあったりフラストレーションを強く感じていたり、自分の技術や能力が落ちてしまったことに怒りを感じているかもしれません。一つの作業を最後まで行うエネルギーもなくなっているかもしれません。これらすべてはダイバージョナルセラピストが、レジャーを提供するうえで配慮すべきことになります。

5 神経組織に関する疾患（パーキンソン病、運動ニューロン疾患など）

　神経系の疾患のある人は、脳障がいと同じような症状があります。視覚障がい、筋肉が硬直して移動や運動が難しくなっていますが、軽い運動やボールゲームなどには参加をすすめます。大きな動きで関節を柔軟にし、力の衰えを防ぐためです。

　しかし脳障がいと同じように、うつ、フラストレーション、怒りを感じることが多いので、失敗して気分が落ち込まないようにフォローする必要があります。もしパーキンソン病などで振戦（ふるえ）があるにもかかわらず「自分は編み物が好きだからやりたい」と、無理のある細かいアクティビティを希望した場合にはお互いによく話し合って本人が現実を把握できるようにサポートし、話し合いながらよい方法を見つけていきます。このような人は表

情が硬くなっていて、微笑むとかジョークに対する反応が遅いかもしれません。ダイバージョナルセラピストとしては時間を与えて"笑えるゆとり"を設けます。笑いのズレをまた楽しめるかもしれません。

アクティビティに参加しやすいように、クッションなどで体をサポートします。振戦があればカードを固定するなどの工夫をします。セッションの時間をその人に合わせ（多くは短く）、常に確認や励ましを与えるように配慮します。

6　聴覚障がい

聴覚障がいのある人は、集中力が低下したり、周囲に何が起きているかわからないために閉じ込もりや無関心を装ってしまうことがあるかもしれません。そのような人にDTプログラムを提供するときには必ず、目と目を合わせるアイコンタクトが必要です。ボディランゲージなどを適切に使って、高すぎない声でゆっくりと話します。言葉は聞き取りにくくても相手の口の動きや表情、周囲の雰囲気から、多くの情報を読み取っていることもありますので、耳元で大声で話しかけるのは注意が必要です。また雑音は避けて、小さなホワイトボードなどを用意して、筆談も活用しましょう。

7　視覚障がいのある人（白内障、緑内障など）

適切な照明を使っているか、太陽光の差し込み具合などまぶしさに注意します。緑内障の人は特にまぶしさを防ぐために、カーテンを引いて照明をつけるほうが参加しやすいこともあります。全く見えないのか、色彩や光を感じることができるのかなど、クライアントの正しい状況を知る必要があります。筆者の経験では、鮮やかな色彩や光ファイバーなどによる感覚刺激によって感情表現がみられる場合もありますので、「見えない人」と決めつけないで、豊かな色彩環境を作ることも大切です。

8　認知症

脳障がいと同じように、思考能力、記憶力、方向感覚などが低下することに伴って、混乱しやすくなります。あくまでもその人の"好きなこと""で

きること"にフォーカスしたプログラムを考えます。回想のために家族に本人の過去に関する資料を提供してもらう、できるだけ行いやすい仕事や慣れた作業によって役割をもってもらう、簡単な料理などは五感を刺激するよいアクティビティですが、あくまでも順番に少しずつ進めていきます。また、選択肢を十分に与えるようにします。そうすることで、認知症を伴う人はもっとソーシャルな場を楽しむことができます。

第3章　DTプログラムの実践例

　本章では、実際に日本で行われているDTプログラムについてお伝えします。またDTプログラムは、ここに紹介するような特定のプログラムだけでなく、日常的なレクリエーションや体操、ちょっとした生活の工夫なども、これまで述べてきたようなプロセスや要素を取り入れて実践することで、クライアントにとっても職員にとっても意味のある、より一層楽しいDTの実践につながるでしょう。身近なところから始めてみてください。

1　SONASセッション

1　SONASとはウェルビーイング―コミュニケーションと感性へのアプローチ

　オーストラリアのダイバージョナルセラピーについて筆者が取材する中で、最も感銘を受けたのが「SONASセッション（以下、SONAS）」でした。現在、ダイバージョナルセラピーの要素を包括的に取り入れたプログラムとして、日本のDT実践施設でも展開されています。そのSONASを筆者に伝授してくれたのは、2003年の当時、クイーンズランド州ブリスベンのナーシングホームでダイバージョナルセラピストとして働いていたVickie Kimlin氏とIan Plattel氏の2人でした。

　Kimlin氏によると、SONASはアイルランド語で「楽しい」「幸せ」などウェルビーイングをあらわす言葉で、アイルランドのスピーチセラピストでもあるシスターMary Threadgold氏が尼僧の遊びにヒントを得て開発したとされています。彼女は知的障がいのある人々のために働いていましたが、1990年頃から、SONASは高齢者のためにも行われるようになりました。「感性はコミュニケーションの入り口である」というシスターMaryの信念のもと、音楽、感触（Touch）、香り、回想、軽い運動などを

"VickieさんのSONAS"。この実践スタイルが日本のSONASの原型になった。

含むあらゆる感性（Multi Sense）を刺激するプログラムとして広まっていったとみられます。

Kimlin氏とPlattel氏は、2001年にこのSONASに関する文献に出会い、認知症ユニットのハイケアとローケアの2つのユニットで実践してみました。そのときのことを、Kimlin氏はこう話します。

「初めてのセッションが終わったとき、めったに発語がなく、他者との意思疎通が困難だった男性入居者が、私の目を見てこう言った。『もっとやって。今日はとてもいい日だった』。それは、私たちがSONASを継続していく大きな励みとなった。そして私たちの経験は、他のダイバージョナルセラピストやクライアントと共有されていった」

「SONASはシスターMaryのコンセプトを継続しながらも、私たちのクライアントに合わせて常に変化させながら新しいアイデアを作り出し、調整する必要がある。SONASのキーとなる特徴は、私たちのコミュニティや社会的、文化的背景に適応させるという点にある」

2 SONASの要素と目的

❶ 感性への働きかけとコミュニケーション

このような助言に基づいて、筆者は2005年からSONASをダイバージョナルセラピーのシンボル的なプログラムとして導入。介護老人保健施設、病院の認知症病棟、特別養護老人ホーム、グループホーム、特定入居施設、通所施設など10カ所ほどで、毎月定期的に各施設の職員とともにSONASの実践を継続してきました。私たちはそこで、多種多彩な「日本のSONAS」を作り出しています。Kimlin氏が「すでに日本のSONASのほうが興味深いくらいだ」というほど、日本のダイバージョナルセラピーの現場になじみ深いプログラムとなり、その成果も日本病院学会や全国介護老人保健施設大会などで発表されています（95頁）。

SONASは10人前後の参加者による50分前後のグループセッションですが、その要素は次のようなものです。
- 会話とコミュニケーション（社会性の尊重）
- 心地よい刺激と感性（五感と感情）へのアプローチ
- 季節感と生活感・回想
- 音楽とエクササイズ
- ユーモアと笑い

雛飾りに昔ながらの市松人形、菜の花、スイセンなどに触れ、生活の話題や歌を楽しみながら甘酒を飲む…、五感で春を実感するSONASの一場面（橋本病院／香川県）。

- 参加者一人ひとりへのフォーカス
- チョイス
- ストーリー性

　キーとなるのはコミュニケーションです。そのため参加者は半円形に着席します。その半円の中に進行役とアシスト役が入りますが、この2人はキャスター付きの椅子に座り、できるだけ座った状態で移動します。これは参加者と同じ高さの目線を保つことにより、一人ひとりにフォーカスし、膝をつき合わせてのコミュニケーションを楽しむことができるからです。またこれは参加者の集中力を途切れさせない形でもあります。他のレクリエーションや日々の体操などにも応用してみてください。

キャスター付きの椅子を使って、常に目線を合わせたコミュニケーション（グループホームまぜの里／徳島県）。

　さらにコミュニケーションを豊かにするのはユーモアと笑いです。進行役と参加スタッフは、常日頃から言葉や話題の引き出しを増やすよう心がけ、当意即妙に笑いを誘うような会話を楽しみましょう。

　対象は現在、主に高齢者、認知症、障がいを伴う人々となっています。セッションでは、認知レベルや日常生活機能、病状などを考慮しながら10人程度のグループを設定します。重度の認知症やターミナル期の場合は少人数で、あるいは1対1で行う場合もあります。どの場合も、月に一度程度は定期的に継続することが成果につながります。

　季節感や生活感に関しては、それらに伴う音楽や歌も含めて、日本人共通の感覚や生活習慣もありますので導入しやすいテーマですが、回想や感性への刺激は個人によって際立った個性もあります。そこで、あとで述べるようにSONASには必ずアセスメントが必要です。また五感の刺激という観点から、季節にちなんだ食べ物や飲み物など必ず「味覚」の楽しみを入れるのも、レクリエーションプログラムとしては特徴的な部分です。テーブルをはさまず、輪になって井戸端会議でもするような雰囲気でなじみの「食」を共にすることで、グループに一体感が生まれます。

本物の「蛇の目傘」に参加者からさまざまな話題が飛び出す（介護老人保健施設ユーカリ優都苑／千葉県）。

発泡スチロールの田んぼでも、昔とった杵柄。田植えの腕はさすが（特定施設のんびり村花岡／山口県）。

❷ チョイスと社会性

　そして忘れてはならないのが「チョイス」と「社会性」です。これらは最も重要な「人としての尊厳」でもありますが、認知症や障がいを伴い施設での生活となったとき、安全を重視するあまり最も失いやすいのが「自由にチョイスする」ことであることは第1部第2章「チョイス」（21頁）でも述べました。やむをえない制限も多い中で、レジャーやレクリエーションのときこそ、その人らしさに通じるチョイスの機会を得るチャンスです。

SONASの中で何かを提供するとき「いかがですか？」「どちらがお好きですか？」と問いかけ、参加者が自ら手を出して選ぶのを待つ…といった場面を、必ずセッションの中に組み込みます。

また、第2部第2章「DTプログラムの要素」（65頁）でも述べたように、社会性はダイバージョナルセラピーの大きな目的です。セッションでは、進行役やスタッフが主導となり過ぎないように、参加者同士が自然に会話したり譲り合ったり、いたわり合ったりという自発的な行動を表出できるように配慮したいものです。

セッションでまき散らした落ち葉を、参加者たちが協力して掃除し始めた（橋本病院／香川県）。

握手 ❽

　SONASセッションで必須のコミュニケーションのとり方が2つあります。「握手」と「キャスター付きの椅子」（写真、89頁）です。まず、セッションの始まりに必ず行うのが「握手」です。参加者と進行役が名札を見せ合って互いに名前を紹介（確認）し、「どうぞよろしく！」とこちらから手を差し出します。握手は最もシンプルな社会的な挨拶だと筆者は考えています。決していきなり手を握ったりしてはいけません。手を差し出して待つのです。実践していてわかったことですが、どんなに認知症が重くなっても、手に障がいを伴っていても、「どうぞよろしく」と手を差し出して待っていると、ほとんどの参加者は自分から手を差し出されます。

　この握手の瞬間、今どのような状態にあろうとも、人として、社会人として生きてきた誇りと、今も懸命に生きようとしている切なる思いが伝わってくるのです。大きなごつい手、きゃしゃな指、真っ黒な手の甲…。時々「この手は何をしてこられたの？」と問いかけてみます。「大工だ」「米じゃ」「ただのサラリーマンだよ」いろいろな答えが返ってきますが、もうコミュニケーション全開です。1対1のフォーカスもここから始まります。セッションを終えるときにもう一度、一人ひとりと挨拶して握手をしますが、始まりのときとは違っていることがあります。より力が込められていたり、手が温かくなっていたり…、無言の評価を与えてくださるのです。

　長くこのようなかかわりをもてていなかった人や、重度の障がいにより手を差し出せない場合もあります。そんなときは、そっと手の甲に触れて挨拶するにとどめます。回を重ねると、ほとんどの人が自ら手を差し出し、「挨拶の習慣」を取り戻してこられます。朝の巡回のときでも、体操を始めるときにでも、握手のコミュニケーションを始めてみませんか。

介護老人保健施設ユーカリ優都苑／千葉県

❸ 感性とストーリー性

　SONASの実践で特徴的なことがあと2つあります。一つはできるだけ「本物に触れる」という感性への働きかけです。もう一つはテーマに沿った「ストーリー性」をもって進行するということです。これらが参加者の見違えるように生き生きとした表情を生んだり、自発的な身体の動きや言葉を生み出すことが、この10年間のSONASの実践からもわかってきました。四季折々のSONASにおけるストーリーの一例を紹介します。

①春：節句のいわれを話し合ったり卒業・入学式を再現するといったストーリーを考えます。雛祭りや端午の節句では、人形や大きな鯉のぼりを実際に手にもって、父として母として味わった喜びを思い出してもらいます。また菜の花やチューリップ、桜などを会場に飾り、触れてにおいを感じます。

雛祭りが終われば卒業式。職員が中学生に扮して。

雛人形を手に、父親としての気持ちから号泣する男性参加者。

菜の花や桜に触れて春を実感（いずれも橋本病院／香川県）。

②夏：七夕にちなんで星空をイメージした仕掛けを作って見上げる、ビニールのプールに冷たい水を張ってスイカや夏野菜を浮かべて触れる、水鉄砲で遊ぶ、天日で熱した海の砂に触れる、貝を埋めて潮干狩りをする、これらは夏を実感するための感覚刺激（Sensory Stimulation）をストーリーに組み入れたものです。海に近い施設では、実際に浜辺で行うこともあります。

浴衣や浮き輪を飾り、天井にはクリスマスツリー用の点滅ライトを利用して星空を演出（同病院）。

実際に近くの浜辺に行って「夏のSONAS」を楽しむ（グループホームまぜの里／徳島県）。

ビニールプールに海の砂と塩水で小さな海を作り、アサリや貝がらを入れて潮干狩りを楽しむ（介護老人保健施設ユーカリ優都苑／千葉県）。

熱い海の砂に触れて「ああ、こんなだった！」と歓声も起きる（特別養護老人ホームタマビレッジ／群馬県）。

③秋：土のついたさつまいも、さらにそれを焼きいもにして食べる、稲穂に触れてにおいを感じる、色とりどりの落ち葉のにおいを感じたり、はらは

らと散る様を再現したり、それを踏んで歩いてみる…など、ストーリーとしては「秋の収穫」「お月見」などがあります。最近では、屋外で実際にたき火をしてさつまいもを焼くといったプログラムも増えてきました。

職員の手で「かかし」や「刈穂掛け」など、リビングに秋の風景が出現した。

竹製の箕（み）に栗やいもなど秋の作物を入れて…。（特定施設のんびり村通津／山口県）

五感の記憶　　　　　　　　　　　　　　　　　❾

　毎月のSONASを継続している香川県の橋本病院で認知症治療病棟に入院している恵子さん（仮名）は70歳です。身体的にはいたって健常ですが、記憶が5分ともちません。そして「私は今、何をしているの？」「ここはどこ？」「私はここにいてもいいの？」と、常に不安がっています。11月のSONASは「畑で焼きいもをしよう」。実際に大きなたき火をし、その場でさつまいもを焼いて食べました。火のつけ方や木っ端の足し方など、男性患者が率先して働いてくれました。はじめは見慣れない畑に来ていつものように不安がっていた恵子さんも、火が燃えていもが焼き上がる頃にはすっかり場になじみ、明るくなりました。たき火を囲んで食べる焼きいもは格別！

　さて、病棟に戻って恵子さんを訪ねてみると、また不安な表情。焼きいものことなど話してみましたが、やはり全く覚えていません。「そんなに楽しいことがあったのに、私は覚えていない」と悲しそうな表情をされます。筆者は撮ったばかりの写真を見せようとしました。そのとき「あ、口の中においもの味がする」と言って恵子さんの顔がぱっと輝いたのです。「甘いでしょ？」「うん、甘い！」「ほら、口の中でちゃんと覚えてくれてたのよね」。そういえば筆者の口の中にもかすかないもの残り香が。2人で口をモゴモゴさせながら、喜び合ったものです。貴重な「感性の記憶」を体験させていただきました。

④冬：部屋の窓を開けて冷たい空気に触れたり、実際に雪や氷で冷たさを湯たんぽや甘酒などでぬくもりを感じたりします。ストーリーとしては「冬の遊び」「冬の暮らし」や、手浴や足浴を組み込んでバーチャル温泉旅行などもします。

白い紙吹雪を散らして雪をイメージ（特定施設のんびり村米川／山口県）。

北海道で育った参加者も、久しぶりに雪に触れると童心がよみがえる？！（特別養護老人ホームひかりの／北海道）

　このように、セッションごとにシンプルなストーリーを作り、参加者の記憶にある実体験を織り込んでいくのです。この、ストーリー性をもたせるということは参加者の想像力を喚起し、一定の必然性をもった場面展開によってセッションに集中することができ、記憶に残りやすいというメリットもあります。

　SONASの参加者はほとんどが認知症を伴う人たちですが、実際に、10年以上このセッションを継続してきて、スタッフも筆者も共通して感じることは、実践中は「参加者が認知症であることを意識しなくなるほど、普通の会話、普通の笑顔が交わされる」「参加者の感情や生活体験の豊かさに感動する」といったことです。この「普通の…」「感動する」はとても大切なキーワードです。では、SONASがどのような手順で行われるのかを紹介します。

3　SONASの手順

❶ 事前の準備

①前もって（できれば1カ月くらい前に）テーマを選び、実施までの間にストーリーを含めた「SONASセッション計画表」（資料⑨-1、⑨-2、153、154頁）と、全参加者のアセスメントを1枚にまとめた「SONAS参加者ライフビュー」（資料⑩155頁）と、参加者の特性を考慮した適切な配置「SONASセッション座席表」（資料⑪156頁）を作成します。

②セッションで使用するもので手作りできるものがあれば、日々のアクティ

ビティとして入居者とともに制作するなど、DTプログラムに組み込みます。
③参加スタッフの調整と打ち合わせ、場所や使用する物の準備。
④参加者には当日、「お誘い」として、セッションに参加することを説明しておきます。

❷ SONASの開始

①参加者を誘って会場へ誘導します。
②一人ひとりにネームプレートを見せて名前を確認し合い、握手で挨拶を交わします。
③全員がそろったら、いつもと同じ曲を歌って気分をリラックスさせます。筆者のSONASでは、よく「ふるさと」をシンプルにアレンジした手話とともに歌います。
④今日のテーマを告げて話題を提供し、自発的な発言を促します。
⑤前述の要素を組み込んだストーリーに沿ってセッションを展開していきます。このとき、決められたストーリーにこだわって参加者の自発性を妨げないよう、臨機応変に変容させることも必要です。歌も歌詞カードや既成の童謡CDなどを使わず、口ずさむ程度でもよいので、自発的に歌えるように配慮します。
⑥ストーリーの終わりもできるだけいつもと同じ曲を歌って終わります。筆者のSONASでは、「見上げてごらん夜の星を」を歌いながら、シンプルにアレンジしたフラを踊ることにしています。まず色とりどりのレイを用意して参加者が自分の好きなレイを選びます。参加者の歌いやすい音程とテンポで歌いながら、座ったままゆっくり手を動かします。このとき、筆者は椅子に座ったまま手振りをし、一人ひとりを踊りに誘うようにアイコンタクトをとりつつ移動します。このフラも正しく踊ることが目的ではありません。SONASによる気分の高揚を共有し、参加者の幸せ感、満足感の余韻を残すことが大切です。ほとんどの参加者が筆者の動きに合わせてわずかでも動きを見せてくれます。ミラー効果といえるかもしれません。
⑦最後に、一人ひとりのレイを外しながら「ありがとう」「疲れなかった？」などと言葉を交わし、握手をして散会します。このときが、参加者がどのような感情を抱いておられるのか、どのような変化がみられるのかを観察する大切な時間です。まちがってもレイを「配る」「回収する」といった感覚をもたないように、また「楽しかった？」と「楽しい」という返答を誘導するような問いかけも控えましょう。

セッションの終わりにも、一人ひとりの気持ちを汲み取るように挨拶と握手を交わす。

このように、折々の生活感や季節感のあるテーマを選び、生活の中の道具や習慣、懐かしい話題から光や色、香りなどによる刺激、きれい！ 美味しい！ 心地いい！ 懐かしい！ うれしい！ わかる！ といった感覚や感情を呼び覚ませるものなら、何でもSONASの素材になります。四季の自然や行事、お祭りなど生活文化の豊かな日本は、まさにSONASの宝庫といえるでしょう。ぜひ、職員の皆さん自身も楽しんでください。

4 データにみるSONASの成果

2007年から、SONASを中心プログラムとしてダイバージョナルセラピーの実践に取り組んできた橋本病院（香川県）では、精神科・認知症治療病棟において、筆者も訪問して毎月2日間に3つのユニットを対象にそれぞれ1回ずつ、集中的にSONASの実践を継続してきました。病棟ではダイバージョナルセラピーの評価とは別に、作業療法士が3カ月ごとに患者一人ひとりの認知機能検査・MMSEと機能的自立度評価表・FIMの測定を行っています。これはかなり客観的なデータといえるのではないかと思いますので、紹介します。

図7は12カ月間、毎月欠かさずSONASに参加した患者18人のMMSEの数値の変化をあらわしたもので、2011年のダイバージョナルセラピー1 dayセミナーで橋本病院のDTチームが発表しました。ほとんどの患者がスタート時には30点中15点以下という中で、1年後には9人が向上し、3人が現状維持、6人が低下していました。これをもって確実な評

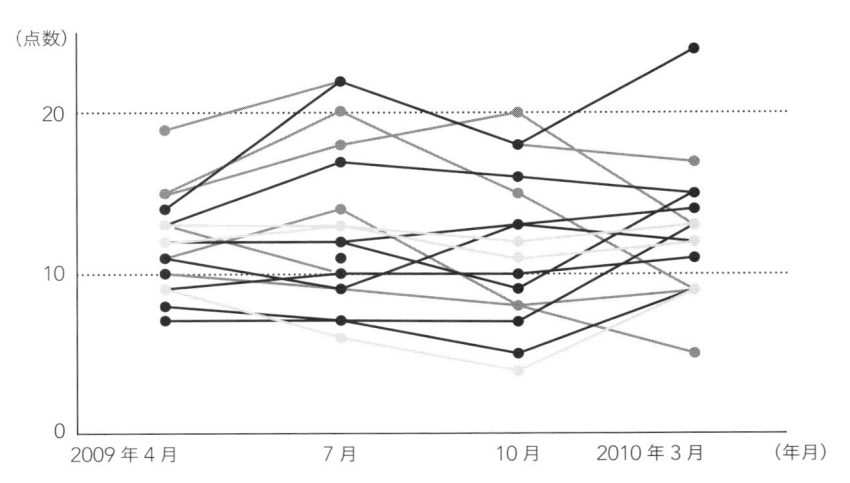

図7 12カ月間12回すべてのSONASセッションに参加した人のMMSEのスコア

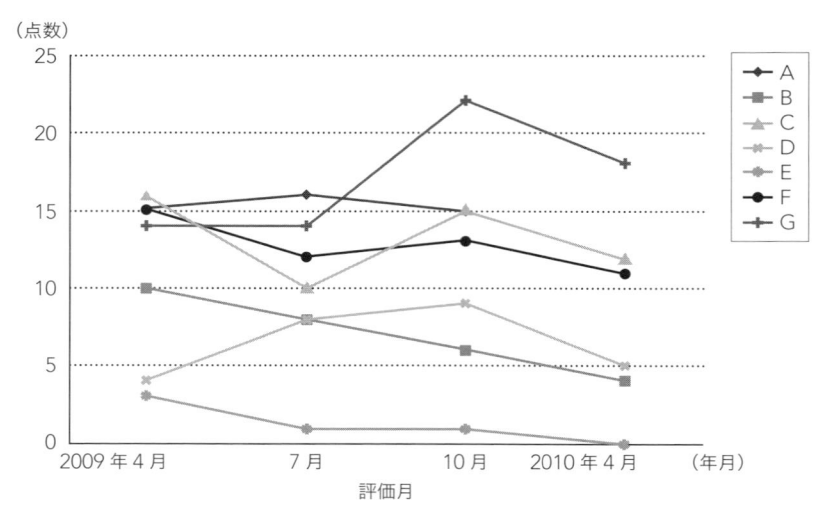

図8 同1年間に一度もSONASセッションに参加しなかった人のMMSEスコア

価と言いきれるものではありませんが、同時期に1回も参加しなかった患者では、7人中5人が低下しています 図8。統計のスタート時の数値がそれほど大きな差がないことからみれば、SONASの実践および病棟へのDT導入が何らかの成果をもたらしたとみることはできるのではないでしょうか。

　FIMのデータは第64回日本病院学会（2014年）で同病棟のDTワーカー・長野綾氏（看護師）が発表したもので、SONAS参加グループと非参加グループの、入院時と6カ月後のFIMの数値を比較したものです。FIMは認知症の検査ではなく、リハビリテーション分野におけるADLを中心としたスケールですが、ここでも差異がみられました。

　図9では、全18項目の総合得点でも、参加グループは非参加グループより6カ月後の数値が総じて向上していることがみて取れます。

　図10では、FIMでは18項目中5項目が「認知項目」となっていて、コミュニケーション能力や社会性をみるものです。橋本病院のデータでは、認知項目の中でも特に「社会的認知項目」（社会的交流、問題解決、記憶）に最も差がみられました。実際、SONAS実施中には、参加者同士が普通に会話したり、おやつを分け合う配慮や、重度の方への思いやりの表現などがしばしばみられます。まさにSONASの目的の一つである「社会性」が成果となって、データ上でもあらわれているといえるでしょう。

　図11はMMSEの入院時と6カ月後の変化を比べたものです。参加グループと非参加グループでは、明らかな差がみられます。

　SONASセッションは準備やアセスメントの確認など、確かに通常のレク

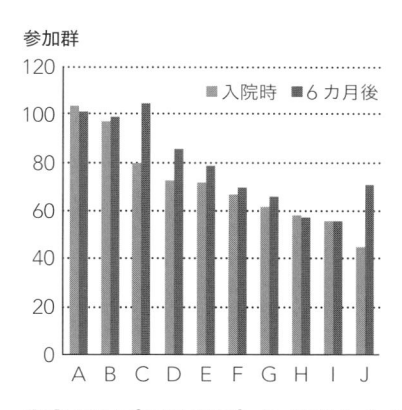

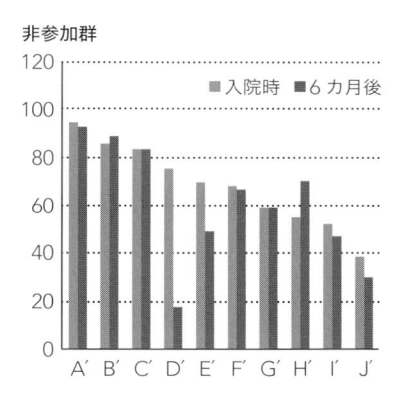

図❾ FIM（運動項目）入院時と6カ月後の比較

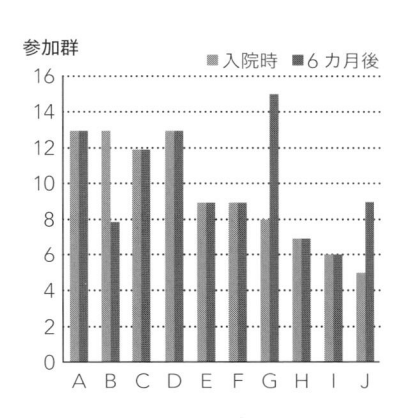

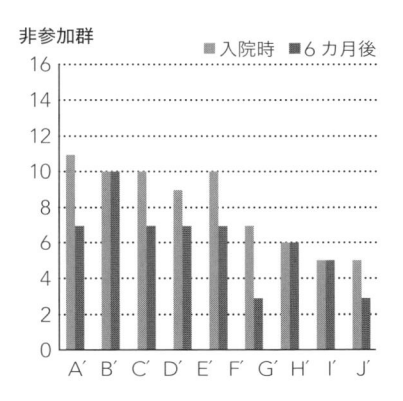

図❿ FIM（認知項目）入院時と6カ月後の比較

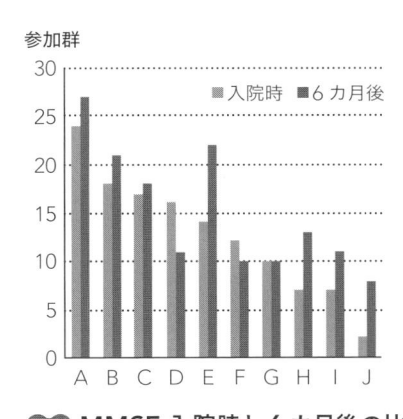

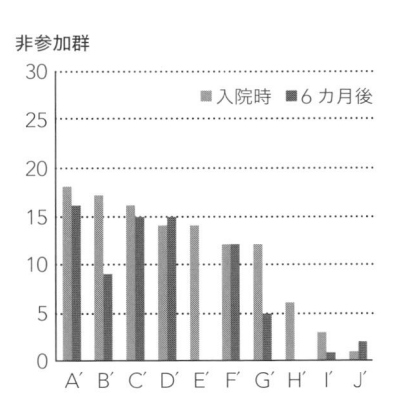

図⓫ MMSE 入院時と6カ月後の比較

リエーションより仕事が多くなるかもしれませんが、実践施設では日常業務をやりくりして、職員がさまざまなテーマやアイデアを生み出し、創り上げていきます。そのような中で、参加者の思いがけないほどの笑顔やポジティブな反応に醍醐味さえ感じて、何年も継続できているといいます。SONAS

では参加者に負けないくらい輝いている職員の笑顔がみられます。

2 SONASエクササイズ

1 体を動かすことへのモチベーションを高めるために

「SONASエクササイズ」とは筆者の造語ですが、SONASの要素をもちながら、もっと日常的に簡単にできるセッションはないかと考案したSONASセッションの「サイドプログラム」のようなものです。実施の形やコンセプトはSONASと同じですが、エクササイズに重点を置きますので、共通の話題をもちにくい若い職員も実施しやすくなります。

前半でシンプルにでも季節感や生活感を感じたり、1対1のコミュニケーションを密にとることによって、体を動かすことへのモチベーションを高めます。エクササイズは普段の体操やリハビリテーション運動でもよいのですが、季節にちなんだ遊びや行事をアレンジしたり、棒や風船、フラフープ、伸縮性のある布や季節感のある柄物の布 *1 などを取り入れるとさらに効果的です。

*1
このような布は、一般的な布地4mを半分に裁って2～2.5mの四角に縫い合わせて使います。

また、より多様なDTプログラムを実践できるようにと、日本DT協会では海外で話題のセラピーなどもワークショップとして紹介しています。

2015年2月に「ダンスムーブメントセラピー」、2016年1月に「ボディーパーカッションセラピー」のワークショップが開催されましたが、これらのセラピーは、体を動かすことによって脳の活性を図って"楽しい"気分を喚起、自信や自己の存在感、自尊心の回復につなげていくことを目的としている点で共通し、音楽が重要な役割をもっていることでも一致しますのでSONASエクササイズとして導入しようと考えました。

ブルーの大きな布を波立たせて白い風船を飛ばして海のイメージ。このような布を使うと、エクササイズが楽しく持続しやすい(橋本病院/香川県)。

講師は、ダンスムーブメントセラピーではDonna Newman-Bluestein氏、ボディーパーカッションセラピーではMarcello Napoli氏がそれぞれアメリカとニュージーランドから来日。どちらのセッションもSONASと同様、半円形に座って一人ひとりとのコミュニケーションによって一体感をもつところから始まります。2人の講義の概略は次のようなものです。

2 音楽と体と脳はリンクする

ダンスムーブメントセラピーのBluestein氏は「人の動きはすべてダンスと捉えることができる。寝たきりの人が瞬きをしたり、微笑むだけでも、それはダンスです」と、いわゆるダンス＝踊りという固定観念を取り払います。音楽や小道具を使うことで楽しい気分が増幅し、集中力や仲間への所属感（Inclusion）をもたらします。小道具としてはBluestein氏が開発した「オクタバンド（Octaband）」が、日本でも導入されています（資料編『DT関連グッズ』158頁）。

オクタバンドを使ったSONASエクササイズ。たこ足のように伸びたカラフルなバンドをもって歌ったり体を動かすことで一体感が生まれてくる（グループホームのんびり村米川／山口県）。

ボディーパーカッションセラピーのNapoli氏が強調したのは、「私たちのボスはボディだということを忘れないで」ということ。体に音楽、特にリズムを与えることが重要だというのです。一つの例として、リズムに合わせて体を打つ（パーカッションとは打楽器を意味する）と、皮下のパチニ小体という圧力や振動を感知する感覚受容体がその刺激を脳に伝えることで、脳機能を活性する効果があるといわれています。Napoli氏は「音楽と体と脳はリンクする」という理論を応用しながら、認知症高齢者や障がい児童のためのボディーパーカッションセラピーを開発しています。SONASエクササイズはこのように、参加者の趣向、心身の状況、認知機能などに合わせて、DTプログラムのアイデアを練ってみましょう。体が動けば心も動きます。

Napoli氏が実践するボディーパーカッションセラピー（ニュージーランド、オークランドの高齢者入居施設Selwyn Villageにて）。

3 ソーシャルプログラム

1 社会人としての尊厳を維持するために

DTプログラムになくてはならない視点として「社会性」については何度も述べましたが、それを実際、毎日の生活の中に取り入れて継続するのが「ソーシャルプログラム」です。文字どおり、地域社会に出て行ったり、地域住民としての役割を果たすなど、社会人としての尊厳を維持し社会にかかわるためのプログラムであり、次のようなものがあります。

- ボランティア活動（オーストラリアでは、よく地域の緑化活動や教会のチャリティ活動に加わるなどが行われている）
- 地域への散歩
- ショッピングや公民館、美術館などへ出かける
- 地域の学校や幼稚園との交流
- 新聞や雑誌を読んで話し合う
- 社会的に活躍している人や入居者が興味をもっている分野の専門家などを招いて講演会やイベントを開催
- 地域住民やボランティアメンバーとの交流会
- 地域の行事、イベントへの参加
- メンズクラブ（男性の男性による男性のためのプログラム）

地域の緑化運動にボランティアとして参加し、花の苗作りを手伝う高齢者入居施設の入居者たち（Bupa Bellarine/ ヴィクトリア州）。

　これらの項目の中には、日常的に行われているものもみられますが、ソーシャルプログラムは"ソーシャル"だと意識するかどうかと、実践の仕方によって決まるといえます。

　例えば、ある男性入居者は毎朝、食堂のカウンターに置かれている新聞を一人で読んでいる…とします。これだけだと、それは彼の生活習慣による個人のプログラムになります。そこでその入居者に、その人が新聞を読み終わった後、何人かの入居者に呼びかけて、新聞を見ながら社会の出来事や政治のこと、テレビで話題になっていることなどを話し合うというような会をもってはどうかと提案をしてみます。このような「新聞を読む会」を定期的に継続していけば、それはソーシャルプログラムにつながるものです。実際オーストラリアでは、地域住民が毎朝、施設を訪問して、入居者と新聞を読み合っているボランティア活動もあります。

地域住民と入居者の「新聞を読む会」が毎朝行われている高齢者入居施設。

　またある日本のデイサービスで、裁縫の好きな女性たちが雑巾を縫っていました。これだけだと、雑巾はほとんど役に立たず、趣味のアクティビティで終わってしまいますが、DTワーカーの提案で、「近所の幼稚園に寄付しよう」という目的を作りました。縫い上がったたくさんの雑巾をもって幼稚園を訪問して幼児たちと交流し、後日、園児たちがデイサービスにお礼の訪問をした…となると、これはただ雑巾を縫う楽しみだけでなく、利用者たちが目的をもって行動し、それがボランティア活動や園児との交流につながったソーシャルプログラムになります。意識を変える、目的をもつということで、このような意味のあるプログラムになるのです。

食事の場所も街に出ればこの笑顔。外食もソーシャルプログラムの一つ。在宅高齢者のための日帰りツアーより（主催：フランスベッド株式会社）。

2　地域の特性を生かしたソーシャルプログラム
　　—市役所や郵便局、駅も実践のステージに

　山口県の「のんびり村」＊2 では、県内4カ所の特定施設で、それぞれ立地する地域の特性を生かしたソーシャルプログラムをDT活動の中心プログラムとしてほぼ毎日継続しています。

＊2
株式会社ホームケアサービス山口／山口県

❶「のんびり村通津」—海へ

　その中で最初に開設されたのが岩国市の旧市営海水浴場付帯施設跡に建設された「のんびり村通津」です（2010年）。きっかけは「夜の不穏や不眠を改善」するためにスリープマネジメント（ヒント「スリープマネジメント」131頁）として朝の散歩を始めたことです。毎朝、浜辺まで歩いていると自然と地域住民との交流が生まれてきました。畑作りを手伝ってくれたり、野菜の苗をもって来てくれる農家もあります。この朝の散歩が海水浴にまで発展していった経緯は後述するとして（DT café「海水浴とリスク」134頁）、地域との信頼・協力関係は確実に広がっていきました。そこで後に開設した施設でも、「ダイバージョナルセラピーは散歩から」と、地域へ出て行くことをメーンテーマとしたのです。

散歩の途中で、子供連れの住民と出会うなど、自然と交流が生まれる。

❷「のんびり村今津」—市役所へ

　岩国市の市街地に立地する「のんびり村今津」は、散歩の目的地を岩国市役所としました。市役所には大勢の市民が来ており、さまざまな情報やイベントのパンフレットなどが目を引きます。屋上には市内を見渡す展望ウォーキングコースも設けられてあります。毎日、市役所に通っているうち、入居者の中から「久しぶりに市議会が見てみたい」との声が上がり、傍聴に行きました。すると今度は「市長にも会ってみたい」となって申し入れてみると、しばらくして承諾の返事が来ました。入居者20人はきちんと身なりを整えて市長室を訪問。女性入居者から市長に花束を贈ったあとミーティング。男性入居者が「自分の村は年寄りが多いのに、バスの本数が少ない」と訴える一幕もあり、社会人として面目躍如のひとときでした。

初めての市議会傍聴。以来、毎年実施されている。

　その後、散歩コースは公園や喫茶店、幼稚園などに広がりましたが、市議会の傍聴は現在も定期的に実施されています。

❸ 「のんびり村米川」―郵便局、学校へ

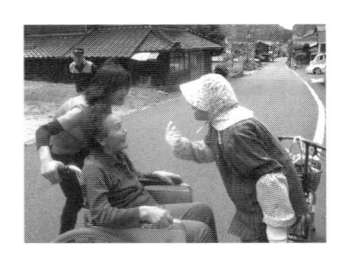

　最も山間部に建つ「のんびり村米川」は小規模多機能型とグループホーム1ユニットです。ここでも毎朝の散歩は欠かしません。入居者のほとんどがこの地域で暮らしてきた人たち。施設ではもちろん町会費を払って、入居者は町民の一人として地域の行事に参加します。なじみの道を歩いていればご近所さんにも出会います。散歩の終わりにいつも立ち寄るのは郵便局です。歌を歌ったり、局員に折り紙を教えたりと交流が深まっていき、やがて局長さんの計らいで、待合室に「のんびり村展示コーナー」が設けられました。テープカットや入居者代表の挨拶で、"コーナー開き"を祝い、入居者たちは、定期的に展示物を入れ替えるのを楽しみに制作に励んでいます。一方、小学校からは「授業参観に来てくれないか」との依頼があり、毎月3～4名が参観に行くようになりました。最近は働く親が増えて、ほとんど参観に来られなくて淋しくなっていた授業参観です。児童にも先生にも喜ばれています。入居者たちは真剣に40分の授業に聞き入っています。

「私、覚えてるかい？」散歩の途中で、なじみのご近所さんに会って喜び合う光景も。

❹ 「のんびり村花岡」―駅へ

　2012年に新設の「のんびり村花岡」では何が自分たちの地域の特徴なのか悩みましたが、すぐ近くに駅があることに気がつきました。JR岩徳線の「周防花岡」という無人駅です。単線で1時間に1本程度しか電車は来ませんが「とにかく駅へ行こう」となり、毎朝ゆっくり15分ほどの道のりを歩きます。ホームで手を振って電車を迎え、見送っていると、乗客たちも手を振って応えてくれるようになりました。乗客に向かって声をかける入居者もいて、すっかり駅の人気者に！　時々、駅の掃除もします。

　毎日電車を見送っているうちに、誰からともなく「私たちも電車に乗って買い物に行きたい」と言い出しました。外出となるとほとんどの入居者が車いす使用です。JRと何度も交渉の末、ようやく許可がおりて、数名ずつ何日もかけて、希望者全員が徳山までの電車と買い物を楽しみました。

毎朝、電車を見送っていると「自分たちも電車に乗って買い物に行きたい」という意欲が…。

久しぶりに電車に乗って。

❺ 自発性と免疫力

　こうして、それぞれの「のんびり村」は、散歩というソーシャルプログラムを中心に、多様なDTプログラムが生み出されています。これらの事例にみられるように、クライアント自らが「〇〇〇〇がしたい」と自発性を発揮するようになることもソーシャルプログラムの大きな成果です。

　また、地域への散歩として、熱い真夏も雪のちらつく冬の日も、毎

昔なじみの商店街で、あれこれ迷いながら買い物を楽しむ。

日外気に触れることを最も早くから継続している「のんびり村通津」では、開設以来6年間（2016年現在）入居者のインフルエンザ罹患者ゼロ！です。また2015年からは2年連続、4カ所の「のんびり村」すべてがインフルエンザ罹患者ゼロでした。散歩は入居者自身の自由意思によるものですが、休むことなく続けられています。

　もちろん生身の体ですから、いつかはウイルスに感染することもやむをえませんが、多くの高齢者が暑くても寒くても自然の中で暮らしてきた世代です。魔法瓶のような温度管理のされた施設の中に閉じ込もるのではなく、本来もっている体の適応力や免疫力を発揮できる環境を生活の中に取り込んだことに意味があったのではないかと考えられます。ソーシャルプログラムの思いがけない成果でした。

4　メンズクラブ

1　オトコにはオトコの楽しみ方?!　社会性を生かした自発的なプログラム

　オーストラリアの高齢者施設には、必ずといっていいほど「メンズクラブ」（74頁）というプログラムがあります。ダイバージョナルセラピストによると「男性は仕事ばかりしてきた人が多く、レクリエーションなど子どもだましだと思っている人もいる」とのこと。遊び上手と思われるオーストラリアでもそうなのか…と共感するところですが、その"オトコのプライド"を尊重しつつ、楽しみや生きがいを見つけてもらおうというのがメンズクラブです。仕事や社会的な経験に基づくものが多いので、ソーシャルプログラムという見方もできます。

　「男性は組織で動いてきた人が多い」として、メンズクラブは男性入居者が自ら組織し、どんな活動をするのか、また会長、副会長などの役職もメンバーが話し合って決めます。例えば、オーストラリアではこんな活動が行われています。

- 定期的にミーティング
- 地ビールを作る（地ビール作りのキットが販売されている）
- ガーデニング・大工クラブ（服装もその作業にふさわしいものを着用する）
- 工作クラブ
- 釣り

シェドと呼ばれる物置。メンズクラブの道具置き場になっている。

- 施設で飼っている動物の世話
- 地域のボランティア活動に参加
- 施設見学者へのガイド役

　メルボルン近郊の高齢者施設 Bupa Bellarine でメンズクラブの会長を務める男性は「ずっと自動車メーカーで技術者として働いてきた。脳梗塞で体の自由を奪われ施設に入居したときは、もう自分の人生は終わったと思った。でもメンズクラブに入って、まだ自分も社会活動ができるんだと自信をもてるようになった」と話していました。彼は電動車いすで自由に施設内を動き回ります。

　日本でもメンズクラブ活動が DT 実践施設の間で広がり始めています。日本における各施設のメンズクラブをご紹介します。

地域の児童施設の子どもたちにプレゼントするために木のおもちゃを作るメンズクラブの活動。

2　男性のための男性による男性のレジャークラブ

　前述ののんびり村ではまず、男性職員の団結から始まりました。4つの施設から男性 DT ワーカーたちが集まり「のんびり村メンズクラブ」が結成されました。DT アセスメントをもとに男性入居者に「何がしたい？」「どこへ行きたい？」と聞き取りを行ったところ、一番人気は「居酒屋」でした。メンズ職員たちは、車椅子でも入れる居酒屋を探し、店長と混み合わない時間帯などを打ち合わせました。メニューについてはチョイスを優先し、栄養士や看護師の注意を考慮のうえ、できるだけ好きなものを自分で選ぶこととしました。アルコールも OK としました。

ちょっと戸惑いながらも、久しぶりの居酒屋に上機嫌のメンズクラブ。

　飲み過ぎ、食べ過ぎ、体調の変化などを心配する声はありましたが、いざ実施してみると、本人自身がよくわきまえてセーブしている様子に、職員たちはむしろ驚いたといいます。参加した男性入居者 3 人は写真入りの大きなメニューに戸惑いながらも、久しぶりの本物のビールにご機嫌で、目を輝かせて普段以上に食欲も言葉数も多くなりました。入居者と職員という立場を超えて、オトコ同士の"飲み会"が盛り上がりました。

　終了後の「振り返り」で職員が気になったのは、「居酒屋」のイメージが違っていたのではないかということ。喜んではくれましたが、入居者たちの記憶にあるのは縄のれんだったり、メザシだったりの居酒屋ではないか？ 今の若者たちが集うような雰囲気ではなかったかもしれません。

　のんびり村メンズクラブでは、その後もやはり"外出系"の希望が

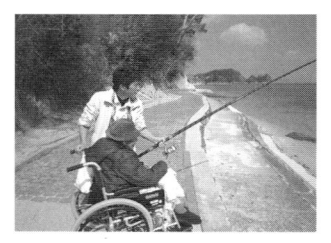

念願の海釣り…でも成果は？

多く、釣りやボートレースの見学などに出かけています。2015年には、厨房や他部署の職員の協力を得て「夜のバー」も実現させました。

体力や身体状況、費用（自己負担）や家族の理解、人数など実施にはいくつもの課題はありますが、男性が今まで普通にできていたことを、施設に入ってもできるだけ普通に！ をモットーに"オトコの付き合い"を続けていきたいと、メンズDTワーカーたちは話し合っています。

3　オトコ同士がヨカたい！ 会長も決めて「町内会」から「キャバレー」まで

介護老人保健施設ケアセンター赤とんぼ [*3] のDTワーカーたちがメンズクラブの準備に取りかかって、まず最初に計画したのは、男性入居者たちが少し前までは活動の場だった老人会や町内会の寄り合いを再現してみようということでした。

*3 医療法人社団仁誠会 / 熊本県

動機づけとして、1週間前に、一人ひとりに手作りの「招待状」を手渡して「男性だけの寄り合い会＝メンズクラブ」があることを伝えました。会場は、会議テーブルに白い布をかけて寄り合いの雰囲気を出します。飲み物はビール（ノンアルコール）とジュース、麦茶などの中からチョイスしてもらいます。社会人としての男性の象徴はネクタイではないか…ということでネクタイも用意しました。

白いテーブルクロスで雰囲気を出す。

入り口で「ネクタイはいかがですか？」とすすめてみると全員が手に取り、多くの人は久しぶりに自分で結んでいました。

まずは会長の選出です。「頼まれたからには」とT氏が快く引き受けました。乾杯の音頭を任された日頃無口なK氏は、車椅子からすくっと立ち上がって精一杯の声をあげて職員を驚かせました。当法人理事長（現会長）の田尻宗誠氏が自らの人生を振り返ってスピーチしたのをきっかけに、参加者それぞれが普段は話したことのない、心に閉まっていた思い出を語り始めました。戦地での体験や戦争で亡くした肉親のことなど、切々と心情が伝わり、同世代のオトコ同士という仲間感が漂っていました。

以来、メンズクラブは回を重ねるにつれて「次回は何をするか？」にもいろいろ意見が出るようになってきました。1年ほどたつと「どこかへ出かけたい」という声が出始め、希望が多かったのは温泉ですが、少し遠いので近くの「足湯」に決定しました。当日は、いつもは車椅子の人も自分の足で車に乗り、座位保持が難しい人も低くて硬い足湯のベンチにも座れました。足を温めながらアイスクリームやビールなど好

足湯で話もはずむ。

きなおやつを選びました。

　このとき、職員が"注目"していた参加者がいました。最近食欲がなく、「死にたい」など悲観的な言葉が聞かれるようになっていた男性入居者です。反応が心配されましたが、楽しい雰囲気につられてかアイスクリームをぺろりと平らげ、帰ってからの昼食もすべて食べ、笑顔もみられました。まさにダイバージョンの醍醐味だったといえるでしょう。

　次の希望は「キャバレー」です。しかし、「熊本には、もうキャバレーはなか」、それなら「赤とんぼでやればいい」となりましたが、若い職員はキャバレーを知りません。

　ところが職員の中にバーテンダー経験者がいることがわかり、「キャバレープロジェクト」が組まれました。そして、理事長はじめ職域を超えた多くの職員が、キャバレーのスタッフや歌手、流しのギター弾きなどに扮し、ダウンライトやミラーボールなど、施設の会議室がムードたっぷりのキャバレーに変身しました。参加した男性入居者たちは招待状を手に、ネクタイにジャケット姿でカクテルやビールのグラスを傾けていました。この日はアルコールも少々…。「久しぶりにお父さんの晴れ姿が見たい」と、そっと覗きに来た家族もいました。

ミラーボール、バーテンダーでキャバレーのムードたっぷりに。

　同施設の通所リハでは、「散歩に利用者一人ひとりがデジカメを持参して、花や風景を撮ってきて画像を見せ合う」という男性たちのカメラ同好会なども実施しています。

　これまで同施設では、圧倒的に人数の多い女性入居者に押されぎみだった男性入居者にスポットを当て、かつて社会で活躍したり楽しんでいたことを追体験することで、男性として、社会人としての存在を実感してもらおうというメンズクラブ。なおオーストラリアにはもちろん、レディースクラブもあります。

招待状

　いつもレクリエーションには参加したがらず、気難しく座っていることの多い男性入居者に、どうしたらメンズクラブの意味をわかって参加してもらえるか？　と考えて出されたアイデアが「招待状」です。招待状には開催年月日や主旨とともに、一人ひとりの宛

名が書いてあり、50床のフロアの男性入居者12人に手渡されました。当日、大事そうに居室の壁に貼る入居者もいました。

当日、職員が男性入居者を誘いに行ってみると、「こがんもの（招待状）もろうとるけぇ、行かんわけにいかんばい」と重い腰を上げてくれました。成功です！「事前の説明や予定を目に見える形にすること、一人ひとりに働きかけることの重要性を痛感した」と職員はいいます。介護老人保健施設ケアセンター赤とんぼで始まったこの「招待状」作戦。他の施設にも広がって、少しスペシャルなプログラムを実施するときは必ず手渡すという施設もあります。

「あなたのために」「あなたが大切な一人」という意思表示として、手作りの招待状は大きな役割を演じています。

5 ドールセラピー
―愛する対象となる赤ちゃん人形

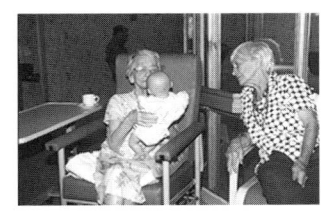

1998年4月、取材でオーストラリアのナーシングホームの認知症ユニットを訪ねたとき、入居者の女性同士が赤ちゃん人形を抱っこしながら和やかに会話している姿をみかけました。案内のスタッフは「彼女たちは母親としての愛情を感じて楽しんでいるのです」と説明してくれました。これが筆者とドールセラピーの出会いでした。

本物そっくりの赤ちゃん人形を間に、楽しそうに会話する入居者同士。

ドールセラピーはオーストラリアでは、オランダのナーシングホームで働いていたシスター、Margaret Randul氏が1990年頃帰国して導入したといわれています。筆者がRandul氏からその経緯を聞いたところによると、オランダでは効果的なセラピーとして普及していたが、オーストラリアの看護師たちからは「人形は子どもの玩具ではないか」「大人の自尊心を傷つける」といった否定的な意見も少なくなかったといいます。

Randul氏は何人かの認知症を伴う入居者に赤ちゃん人形を提供して研究してみた結果、多くの女性に喜びや生き生きとした反応がみられたと、次のように話しました。

「ドールセラピーは子ども扱いではない。人形を用いて『赤ちゃんを愛する』という、人が本来もっている感情を引き出すポジティブアプローチです。感情や感触といった感性は最後まで壊れることはありません。ドールセラピーはそんな感性に働きかけするものなのです。」

1 受け身からポジティブな「慈しむ行動」へ
――大切なのはアセスメントとコミュニケーション

　それにしても、人形が赤ちゃんの代わりになるのでしょうか。考えてみると日本には古来、雛祭りの習慣や各地に伝統的な創作人形があるように、生活の中に「人形文化」が息づいていること、また市松人形やさまざまな抱き人形があるように、人形を擬人化して慈しむ精神風土も豊かだったのではないでしょうか。筆者は幼い頃、母親が作ってくれた布に綿を詰めた人形を可愛がっていた記憶が今も鮮明に残っています。

　もの言わず表情も変えない人形に対するこのような感情や行動は「想像力」のなせる業ではないかと考えます。幼い頃、人形を赤ちゃんに見立てて"ごっこ遊び"に熱中したのも、この想像力があるからです。ドールセラピーでは、そんな遠い記憶に赤ちゃん人形の感触が働きかけ、「慈しむ」という感情と重なって、赤ちゃん人形への愛情表現となるのではないでしょうか。

　その人が自尊心を損なうことなく、赤ちゃん人形に感じた愛情を自然に表出できるように、対象となる人がどのような時代や環境の中で幼時を過ごし、赤ちゃんや子どもに対してどのような感情をもっているのか？　子育ての経験は？　子どもを亡くしたことは？　どんな子守唄を知っている？　などのアセスメントが必ず必要です。ドールセラピーが如何に「愛情に基づくポジティブアプローチ」だとしても、万人に適用できるわけではありません。赤ちゃん人形に興味を示さない人に、無理に提供しようとしてはいけません。不用意な言葉でその人の気持ちを傷つけることのないよう、赤ちゃん人形を媒体としてより豊かなコミュニケーションをもつためには、できるだけ豊富な情報が必要です。

　特に認知症ケアにおいて、ドールセラピーの役割は「介護される」という常に受け身の生活から、その人が本来そうであったように、家族を愛し、家事にいそしんだり面倒をみたり…といった「ポジティブな日常」の感覚を取り戻すことにあります。

　普段はコミュニケーションの成り立ちにくい人も、赤ちゃんという存在を媒介に、「可愛い」「愛おしい」という感情を共有できます。言葉はなくてもまさに「感情のコミュニケーション」です。また、子育てを思い起こして話したり、

SONASが終わって誰もいなくなった雛飾りの前で、一人の女性患者が市松人形を抱きしめながら、小さな声で話し続けていた。職員たちは静かに見守った（橋本病院／香川県）。

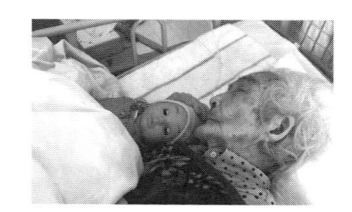

赤ちゃんを抱いていたら安心…ターミナル期にも一緒に（グループホームひめゆり／沖縄県）。

デイサービスの利用者や介護家族の方々が手作りの服を着せて「たあたんのファッションショー」が開催されたことも（於：フランスベッド健康福祉プラザ）。

子守唄を歌ったり…といったところから会話を楽しめるようになることもあります。さらには赤ちゃんのよだれかけや着物を作ろう、帽子を編もう、服を洗たくしようといったアクティビティにつなげていくことも大切なプロセスです。

10年以上ドールセラピーを実践している広島県にある宗近病院 (72頁) の看護師・八木喜代子氏は、次のような経験を話してくれました。

「病状などから、患者にどうしてもベッドで安静にしていてほしいとき、また感染症などでやむを得ず一人部屋に隔離しなくてはならないときがあり、精神的ストレスや不穏状態が非常に高まります。そのようなとき、「たあたん」(資料編「DT関連グッズ」158頁) と一緒にいることで気持ちが和らぎ、患者さんを孤独から救ってくれた…ということが何度もありました」

耐えなくてはいけない辛い状況から、患者の関心が赤ちゃん人形に移り (ダイバージョン)、「可愛がりたい」というポジティブな感情に変わっていったことを物語るエピソードです。

ドールセラピーの原点 ——⓫

「職員が連れてきた赤ちゃんが泣き始めました。その時、一人の女性入居者が膝に抱き上げると、懐を開いて自分の乳房をその赤ちゃんの口にふくませました」

グループホームひめゆり（沖縄県）の管理者・嘉数世利子氏から送られてきた写真は、その一瞬をとらえたものでした。「グループホームひめゆり」では2010年頃からドールセラピーを導入し「たあたん」をはじめ、いろいろな赤ちゃん(？)がいて、入居者も職員も皆で可愛がっています。"おばあ"が赤ちゃん(人形)を抱いている光景は珍しくないのですが…。「それでも驚きました。人は何歳になっても赤ちゃんを愛おしいと思う気持ちは変わらないのですね。その気持ちを大切にしたい」と嘉数氏は、自然な雰囲気の中で「赤ちゃんのいる日常生活」を楽しめるグループホームでありたいといいます。ドールセラピーの原点を見せていただいた思いです。

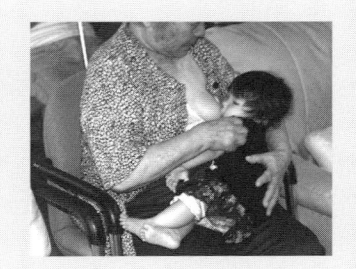

2　環境作りと想像力を大切に

ドールセラピーを導入するときは、次のようなことに留意しましょう。
1. 職員（または家族）がドールセラピーに対して共通の認識をもつ
2. 人形選び
3. 環境作り

❶ 職員または家族の認識

いかに愛情を注ぐとはいえ、対象は人形です。本当に赤ちゃんとして執着する人もいれば、人形として可愛がる人もいます。時には人形、時には赤ちゃんと、認識が揺れる場合もあります。ただただ抱いている感触に満足感を得る人もいますし、あまり関心をもたない人もいます。今のその人の感情に寄り添うことが大切で、そのようなことを職員や家族が等しく認識していることが大切です。対応する人によって態度が違うと、不安になったり、その人の気持ちを傷つけてしまうこともありますので、注意しましょう。

❷ 人形選び

人形選びも大切です。まず基本的に玩具ではないということ。表情や体形、感触がより赤ちゃんに近いもので、重さも"抱きごたえ"がある程度に重さもあったほうがよいでしょう。その人の体調や身体機能にもよりますが、10数年ドールセラピーにかかわってきた筆者の経験では、1,300g前後が、本当に赤ちゃんを抱いた感触が得られるようです。そのためボディもプラスチック製より布に綿などを詰めたスタッフドタイプのほうがよいでしょう。服が着せ替えられることなども条件となりますが、もちろんその人が好きになれるかどうかが第一です。

最近ではICやセンサーを採用したマシンによって話したり動いたり、泣き声や笑い声の出る人形も開発されています。このようなタイプではコミュニケーションの幅が広がったり、導入のきっかけを作りやすいといった利点もあります。ただ、重度の認知症を伴う人は、その人独自の想像の世界で赤ちゃんと接していると思われますので、人形が勝手にしゃべったり泣いたりすることによって混乱を生じることもあります。また電池が切れたまま放置されることのないように注意しましょう。人形選びは、あくまでも本人の思いや感情を大切に、よく観察しながら行いましょう。

オーストラリアの入居施設のベビールーム。"Baby Corner（赤ちゃんコーナー）""Be Quiet Please（どうぞお静かに）"の貼り紙が。ユーモアたっぷり。

認知症治療病棟に設けられたベビールーム。赤ちゃん用のベッドや布団、椅子、ベビー服、おもちゃなど、職員がもち寄った（橋本病院／香川県）。

❸ 環境作り

環境作りでは、オーストラリアでよくみかけるのがベビーベッドやハイチェアなどで、赤ちゃんの居場所を作ることです。不要になっ

たベビー家具や玩具を集めてベビーベッドをアレンジしている施設もあります。赤ちゃん人形がいても不自然ではない楽しい空間を作ることが、施設や病院でもダイバージョナルセラピー推進の一つになっていきます。

6 センサリーアプローチ

1 五感に心地よく働きかけて安らぎと活性を

❶ 感覚刺激による安らぎと活性

2000年頃、オーストラリアのナーシングホームで「とても特別な部屋です」と案内されたのが、センサリーアプローチ（センサリーセラピー）との出会いでした。その部屋は白いドレープのあるカーテンで覆われ、そこに海の映像がゆっくり回って映し出されていました。静かな音楽といい香りがし、ゆったりとしたソファにダイバージョナルセラピストと一人の入居者が寄り添って座り、ハンドマッサージをしながら、ゆっくり話が交わされていました。

オランダのハルテンベルグセンターのスヌーズレンルーム（写真提供：コス・インターナショナル）。

また他の施設では、照明を落とした中で、静かな音楽やかすかなアロマが薫り、入居者とセラピストは手に"光の束"をもって揺らしていました。これは「サイドグロウ」という、多数の光ファイバーにカラフルな光源をつけたスヌーズレン（後述）用の機器です。

このような部屋のことをオーストラリアでは「マルチセンサリールーム（Multi-sensory Room）」あるいは「スヌーズレンルーム」と呼んでいました（以下、センサリールーム）。「センサリー」とは「センスの…」といった意味で、「センス」とは広く「感覚」とか「感性」を意味します。つまり「センサリールーム」とは「感覚の部屋」とでもいえばよいでしょうか。五感に働きかけるさまざまな要素をセットアップし、認知症や疾患、障がいなどによって不穏になったり活動性が低下した人が、心地よい感覚刺激（Sensory Stimulations）を受けて、安らぎや活気を取り戻せるような空間です。

原点はオランダの知的障がい者施設、ハルテンベルグセンター（DeHartenberg）で開発された「スヌーズレン（Snoezelen）」です。日本スヌーズレン協会のホームページ [*4] によると、スヌーズレンの語源は2つのオランダ語、スニッフレン（クンクンとあたりを探索する）、ドゥース

[*4]
http://snoezelen.jp/

レン（ウトウトくつろぐ）からの造語であり、「自由に探索したり、くつろぐ」様子をあらわしているといいます。

このような「センサリールーム」は、オーストラリアではそれほど多数ではありませんが、センサリーアプローチはDTプログラムの一環として導入されており、施設ではダイバージョナルセラピーのアセスメントやプランニングに基づいて実施されています。

❷ 認知症を伴う高齢者へのスヌーズレン

これに強い興味をもった筆者は2002年に、パース在住で「マルチセンサリーアプローチ（Multi-sensory Approach）」としてスヌーズレンの指導を行っていたGail Boyle氏 [*5] の2日間のワークショップに参加してセンサリーアプローチについて学びました。一方、認知症を伴う高齢者へのスヌーズレンの効果については、Bakerらの論文 [*6] を参考にしました。

この論文では「スヌーズレンは、マルチセンサリー経験または、マルチセンサリー環境に関するアプローチのこと」として、「視覚、聴覚、臭覚、触覚の刺激を体験する特別な部屋」において実施するとしています。研究では被験者はすべて認知症を伴う高齢者で「スヌーズレンセッションに参加するグループ」と「アクティビティセッション（ドミノ、お手玉、絵カードなど）に参加するグループ」に分けて比較されていて、たいへん興味深いものがありますが、ここでは論文の"考察"の一部を以下に紹介します。

「認知症の自然な進行は、悪化していくものであるにもかかわらず、スヌーズレングループでは社会的混乱行動は試行を通して実際に顕著に改善された。おそらく、特有のスヌーズレン環境に定期的に身を置くということが、患者にとっての正常な状態に戻る効果があると考えられる」

具体的には、スピーチスキルの向上（普通のセンテンスで話せる）、感情や表現が豊かになる、逸脱行動の減少などですが、それが長期的に持続するかどうかについては明確な結論は出なかったといいます。また、このような部屋を好まない人に対しては途中で中止しています。他のプログラムと同様、アセスメントと観察が重要であることが理解できます。観察と記録については資料⑫「センサリーアプローチにおける観察と記録」（157頁）を参考にしてください。

[*5] Gail Boyle氏：当時、Curtin Univercity of Technology（2010年からCurtin University）心理学部教員。

[*6] Baker R, et al：Snoezelen: its long-term and short-term effects on older people with dementia. Br J Occup Ther 60：213-218, 1997

2　マルチセンサリールームの活用と応用

❶ センサリールームに設置するもの

センサリールームは、施設の居室や共有スペースなどとは別個に設けられ

た非日常的な環境の中で安らいだり、生き生きとした心地よさを体験するために考えられたもので、何をどのように設置するかは、施設のキャパシティや担当者の創意と感性に委ねることになりますが、一般に次のようなものが設置されます。

- サイドグロウ：長い光ファイバーの束の中を変化する色の光が流れる
- バブルユニット：水の入った透明の円筒形のポールの中でバブル（泡）を発生させ、カラーライトによってバブルの色が変化する。体を寄せると水の音と振動が伝わってくる
- プロジェクターやミラーボール：壁や天井に映像や光を投影する
- 多様な感触のグッズ：やわらかいクッションやぬいぐるみ、心地よい手触りの布、触覚を刺激できるものなど
- カラーボール：LEDの光源の入ったボールなど。手にもっていると色が変化するものなど
- 音楽（CD）：ヒーリングミュージックや環境ミュージックなど。聞いてすぐ題名のわかるような音楽は避ける。音量に注意
- アロママッサージオイル：数種類用意して好みに合わせる。少量で手の甲などを軽くさする程度に。香りとスキンシップを楽しむ
- 日本ではお香や茶香なども有効なセンサリーグッズ

センサリールームの設置例（介護老人保健施設ユーカリ優都苑／千葉県）。

❷ センサリールームの応用

本格的なセンサリールームの設置が困難な日本の高齢者施設では、部屋にこだわらない「センサリーアプローチ」のコンセプトを生かした多様なプログラムが考えられています。「感性に働きかける」という意味では、「ルームビジット」（115頁）で行う個別の感覚刺激のアプローチもその一つですし、固定の部屋が設置できない場合、センサリーグッズを搭載した台車などをアレンジして、移動式のスヌーズレンを実践している施設もあります。また、SONASなどでサイドグロウを"星空のイメージ"として使うこともあります。

香川県の橋本病院認知症治療病棟では2007年から、病棟の一室に月に一度「センサリールーム」をセットアップして、ターミナル期や重度の認知症を伴う患者を対象に、筆者も加わってセンサリーセラピーを継続、実践しています。

本格的なセンサリーグッズはサイドグロウだけですが、床にはカーペットを敷き詰めて白いカバーをかけます。天井のライトや季節によっては水の音、花や風船、感触のよいボールや小物類などをアレンジしながら、職員のアイデアと手作りで実施されています。DTワーカーの看護師、介護士、作業療法士と

七夕のSONASで、サイドグロウを使って天の川をイメージする（橋本病院／香川県）。

筆者がほぼ1対1で患者に寄り添い、茶香やマッサージオイルなどその患者の好む刺激を提供しながら、約40分、静かなふれあいのひとときを過ごします。時にはボールを使って四肢の動きを促したり、発語を促すこともあります。作業療法士によるマッサージや拘縮を予防するマッサージなども実施されますが、患者はリラックスした状態で病室や共有スペースではみられない表情や体の動きを得られることもあります。

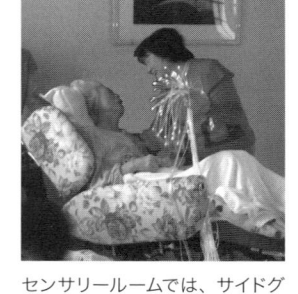

最近まで茶道の先生をしていた女性で、普段は1語の会話しかできないと思われていた患者が、茶香に触れたあと職員が「今度はお茶を点てましょうか？」と問いかけると「それはいいですね」とはっきりとしたセンテンスで答えた、ということもありました。

センサリールームでは、職員にとっても患者とゆっくり親密に接することができるという満足感があり、双方にとってよいセンサリータイムとなっています。終了後は、一人ひとりの反応や話した言葉などをスタッフが振り返り記録します。

スヌーズレン指導者のGail Boyle氏はワークショップでこう語りました。「自分の1日を振り返ってみて、どれほどの感覚を使っているか考えてみてほしい。もしそのすべてが奪われてしまったら、私たちは生きていけるでしょうか。施設に入居している高齢者が、1日の中でどれほど感覚を使う機会をもっているかを考えてみましょう。認知症になれば、ますますその機会を失います。時にはスヌーズレンのように、意図的に刺激を生み出すことが必要なのです」

センサリールームでは、サイドグロウなどを使って1対1のゆったりとしたアプローチを（橋本病院 / 香川県）。

3　ターミナルケアにおけるセンサリーアプローチ

このようなセンサリーアプローチは、認知症ケアとしてのプログラムだけでなく、ターミナル期にある入居者に対しても行われています。橋本病院の事例はその一つですが、サイドグロウなどを使って美しい光を一緒に見つめ、一緒にお茶の香りを楽しみ、心地よい香りとともにハンドマッサージでスキンシップをするなど、同じ感覚を共有することで、ほとんど言葉を発せられなくなった人とのコミュニケーションも可能になります。

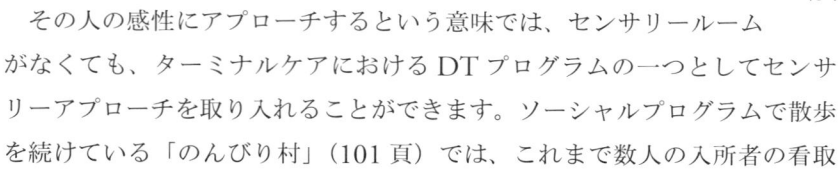

その人の感性にアプローチするという意味では、センサリールームがなくても、ターミナルケアにおけるDTプログラムの一つとしてセンサリーアプローチを取り入れることができます。ソーシャルプログラムで散歩を続けている「のんびり村」（101頁）では、これまで数人の入所者の看取

ベッドを窓の高さまで上げて、外の景色が見えるように（特定施設のんびり村今津 / 山口県）。

りを行ってきましたが、毎朝の散歩を楽しみにしてきた入居者のため、昼間の見守りのできる時間帯はベッドの高さを窓の位置まで上げて外の景色が見えるようにします。すると、その人の表情が和らいだり生気を帯びてくることもあります。

魚屋で毎朝市場へ競りに行っていたという女性には、窓のレースのカーテンにたくさんの魚が泳いでいるようなシルエットを貼ったり、風船バレーが好きだった男性には、時々ベッドサイドで職員が風船を飛ばしながら歌ったりと、DT実践施設では設備や形にこだわらず、その人の感性に心地よい刺激を提供するというコンセプトのもとに、その人に応じたセンサリーアプローチを行っています。

センサリーアプローチは、すべてのDTプログラムに共通した要素でもありますので、その施設の現状に可能な方法で取り組んでみてください。

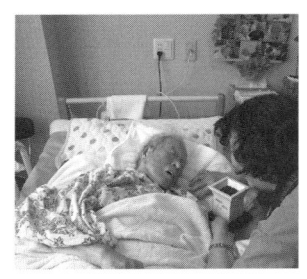

香しいお茶の香りに目を開けて、かすかに微笑まれた（特定施設のんびり村今津／山口県）。

筆者が愛用しているのは、ダイバージョナルセラピーを実践する医療法人社団仁誠会（熊本県）が創立30周年を記念して作った茶香炉だが、いろいろ市販もされているので、活用されたい。

7 ルームビジット

一人ひとりの「お部屋訪問」

❶ 楽器を携えたり、犬を連れたり

オーストラリアの高齢者入居施設のDTカレンダーではよく見かけるプログラムで、週に数回は必ず実施している施設も多いようです。"Individual Visit"とも呼ばれています。文字どおり、DT担当のスタッフが一人ひとりの部屋を訪ねて行う個別のプログラムのこと。対象は、重症またはターミナル期にあってベッド上にいる時間の長い入居者で、誰にどのようなプログラムを提供するかは対象者に応じてDTプランに組み込まれています。

ダイバージョナルセラピストやDTアシスタントがワゴン（117頁）などにさまざまなグッズ（雑誌や書籍、写真集、ぬいぐるみや人形、アロマオイル、小さな楽器など）を搭載して、ベッドサイドで何らかのレジャーを提供するといったビジット（訪問）が一般的なようですが、チャプレン（施設や病院など教会以外の施設や組織に所属する聖職者）や音楽療法士、マッサージセラピストなどの専門職が訪問する

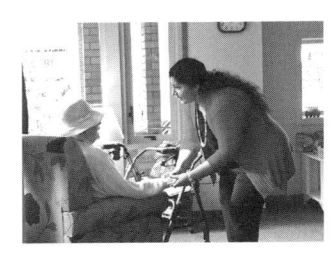

居室に訪問して入居者と話すダイバージョナルセラピスト（Selwyn Village/ニュージーランド）。

音楽療法士が居室を訪問して、その入居者のために作った歌や出身地の民謡などを歌う場面も。

場合もあります。

　筆者はオーストラリアで何度かその場面に出会いましたが、ヴィクトリア州にある高齢者入居施設（Bupa Bellarine）で、ギターをもって犬を連れた音楽療法士が、女性入居者を訪問している様子は感動的でした。音楽療法士は、ほとんど反応のないように見える女性に優しく触れて語りかけるように歌い、最後にスコットランド民謡「オールド・ラング・サイン」（日本では「蛍の光」）を歌い出すと、その入居者の口が少しずつ動き、声にならなくても歌っているようでした。その人はスコットランドの出身だったのです。このように、ルームビジットは日常的に実施できる個別プログラムともいえます。

❷ 日本での試み

　日本でも特別養護老人ホームや介護老人保健施設、認知症病棟など比較的入居者の多い施設でその必要性が認識され、実施が試みられています。

　東京の特別養護老人ホーム「つきみの園」では、2011年に施設長の鈴木由香さんと職員一人がDTワーカーの資格を取得し、ダイバージョナルセラピーの実践に取り組んできました。その中で、ルームビジットは職員の手で業務に組み込んでいく上で大きなチャレンジでした。そのプロセスを振り返ります（第4章「特別養護老人ホーム」125頁）。

①全職員へのダイバージョナルセラピーの研修を1年かけて実施
②DT委員会を設置
③筆者の定例訪問の際に、職員と一緒にルームビジットを実施して、その方法や対象者の反応を観察
④2012年より、職員によるルームビジットの定着を検討
⑤シフトの交代で比較的、職員数の多い時間を固定化し（遅番職員が仕事を始める15分間をルームビジットに当てる）、ルームビジットを業務として実施することを徹底
⑥DT委員がルームビジット対象者を選び、実施回数を管理する
⑦ルームビジットの実施ノートを設置して、担当者はルームビジット時の記録を残す
⑧ルームビジットの場所は居室に固定する必要はなく、ベランダやガーデンなど、対象者の希望や天候などによって臨機応変に選ぶ
⑨月に1回のDT委員会で実施状況を話し合い、問題点を検討する

　実際、施設や病院でどのようなことが行われているのでしょう。

- 本人の好きそうな写真集や雑誌をもって行って一緒に見る
- ハンドクリームなどで手をさする
- CDで音楽をかける
- 自分にできる簡単な楽器を弾いてあげたり歌ったりする

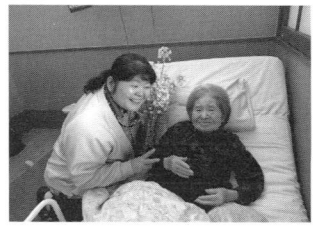

定期的にバイタルチェックを行うのも、看護師によるルームビジットと考えることもできる。菜の花をもってベッドサイドを回る"DTワーカー看護師"（介護老人保健施設ケアセンター赤とんぼ／熊本県）。

- 寄り添って話をする
- 対象者が眠っている場合は起こさずに、そっと手を握っているだけ
- 花をもって行って一緒に見て楽しんだり、においを嗅いだりする
- 日光浴のためベランダに行く
- 施設入り口のガーデンへ花を見に行く

　以上のようなことを実践するには、常にDTアセスメントシート（49頁）を確認、更新しておく必要があります。

　ルームビジットを実施する際には、次項のようなDTワゴンがあると便利です。

8　DTワゴン─いつでもDT！レジャーの出前

　レクリエーションやセッションというと、時間を決めて参加者を集めて…というのが通例ですが、これは職員が入居者や利用者が普段過ごしている場所（リビングなど）へ「何か楽しいこと」をもって入っていくプログラムです。職員ペースでことを運ぶのと違って、こちらは相手が興味を示してくれなければ素通りするだけに終わってしまいます。ちょうど新幹線の車内販売のようなものです。

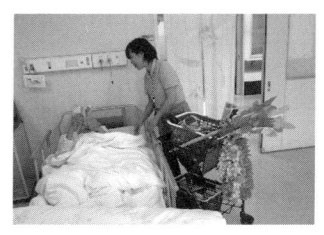

DTワゴンでベッドサイドを回るDTワーカー・ナース（橋本病院／香川県）。

　車内販売で、退屈しているお客さんに呼び止めてもらうためには、お客さんの欲しいものを搭載していないといけません。無表情に押して歩いているだけでは売り上げは上がりません。介護の提供者という立場を離れて、そんなご苦労な販売員になったつもりでクライアントの間に入っていくのも、一種のDT修行になるかもしれません。

　ワゴンはキッチンで使うようなカートでも、お洒落なインテリア風のワゴンでもよいのですが、機能性と親しみやすさでいくと、スーパーマーケットのショッピングカートがおすすめです（ちなみにネット通販などで1個からでも購入することができます）。

　ワゴンに何を搭載するかは職員のアイデア次第です。筆者が愛用しているDTワゴンには、ぬいぐるみ、赤ちゃんの写真、『日本百名歌』*7 という写真入りの日本の唱歌・童謡集、テーブルで短時間にできるゲームなどです。100円ショップで買ったダーツ、大きな風船かビーチボールなど、他に季節の花や赤ちゃん人形「たあたん」など、その日思いつくものを載せていきますが、筆者のDTワゴンの必須アイテムは「鉄琴」と「日の丸の旗」

*7
主婦の友社編：童謡・唱歌『日本百名歌』

です。鉄琴は音が澄んでいて軽やかで、唱歌ならほぼどんな歌でもハ長調で弾けるという優れものです。「日の丸」は、はじめ祝日に使ってみたのですが、入居者の目を引き、とても好感を呼んだので常時ワゴンに取り付けるようになりました。「今日は何の日？」「何かおめでたいことあったの？」と入居者の方から話しかけてくれます。そして「何が入ってるの？」と聞かれたらチャンスです。その場でゲームを出してみたり、写真や歌の本をお見せして、ここから会話が弾んだり、鉄琴のリクエストが出て歌の輪が広がったり…と、何か楽しいことが始まります。これを「テーブルレク」と呼んでいますが、それが少し計画的に実施されると「テーブルSONAS」ともなります。

楽しいこと満載で、個別のルームビジットや入居者の集まるリビングへ。

ワゴンに搭載してきたゲームを楽しむ入居者とDTワーカー（いずれも介護老人保健施設ユーカリ優都苑／千葉県）。

時々、「何を売ってるの？」「このお人形、売ってくれない？」「今度、お尻のクッションもって来てほしいのよ」などと頼まれることもありますが、そこは臨機応変に…。

9 ライフボード（グッドフィーリングポスター）

入居者も職員も「私のグッドフィーリング」探し

❶ ライフボードとは

　オーストラリアの高齢者入居施設でよく見かける、入居者の思い出や好きなこと、好きなものを1枚の紙の上に表現したもので、「ライフボード」などと呼ばれています。

　ヴィクトリア州にある高齢者介護入居施設、Bupa Bellarineでは、新しい入居者が入ってくると、ダイバージョナルセラピストがまず取りかかるのが、このライフボード作りです。入居者と話をしながら、その人が大切に思っている"人生の出来事"や記念すべきこと、好きなことやもの、信条としていることなどを聞き取り

入居者とともに作った、一人ひとりの人生を物語る「ライフボード」。

ながら、実際の写真や雑誌などから切り取った写真、手作りの小物などをボードに貼ってアレンジしていきます。

　この作業によって、DTアセスメントはかなり進みますが、何より、入所して不安な時期にダイバージョナルセラピストがたっぷり時間をかけて自分に関心をもってくれるということが、入居者に安心感を与えます。でき上がったライフボードは部屋に飾り、他のスタッフもそれを見て会話を弾ませるといいます。オーストラリアで見つけたライフボードのアイデアは日本でも多様な展開をみせています。

❷ グッドフィーリングポスターとしての活用

- DTワーカー養成講座の課題として：講座ではこれを「グッドフィーリングポスター（GFポスター）」と名付けて、受講生は期間中に自分のポスターを作成し、最終日に一人ひとりがプレゼンテーションします。
- 入居者全員のGFポスター作り：各職員が自分の担当入居者のGFポスターを1対1で作成することで、より深く入居者を理解し、心を通わせることができました。
- 全職員のGFポスター作り：自分を見つめ直したり、自己アピールの機会をもったりします。
- 各施設の紹介ポスターとして：同じ法人内で複数の施設がある場合、その交流を進める一環として各施設のGFポスターを作り、一堂に展示します。
- 新入社員の紹介に：新入社員研修の課題としての活用。職員同士の親睦のためですが、自己表現の訓練にもなります。

　ライフボードもGFポスターもどちらも「自己表現」や「自己アピール」です。このような、入居者だけでなく職員も対象とするアイデアは、職員全体にダイバージョナルセラピーを理解し実践に加わってもらうために、たいへん有効なプログラムだといえます。

入居者全員のGFポスターを、一人ひとりの担当職員が入居者と共同作業で作り上げた（ケアハウスどんぐり／福岡県）。

恒例となった「新入職員の自己紹介GFポスター」は研修の一環でもある（特別養護老人ホームつきみの園／東京都）。

10 ガーデンプログラム

センサリーガーデンやクリニックの花壇

❶ 五感で楽しむセンサリーガーデン

　オーストラリアやニュージーランドでは「認知症ユニットは1階に設置して、ガーデンに自由にアクセスできるように」と奨励されるくらい、庭は施設の生活になくてはならないものです。土地の問題や安全性への懸念もあって、日本ではなかなかガーデンの活用は広がりにくいのが現状のようです。外気に触れ、自然を感じ、何よりも心地よい開放感を味わうことは、毎日、限られた施設の空間の中で過ごさざるをえない入居者にとって、文字どおり最も身近なダイバージョンのチャンスではないでしょうか。

　オーストラリアのガーデンを見てみると、入居者が歩くことを前提に作られているのがよくわかります。歩きながら、植物に触れて感触を楽しみ、鮮やかな花の色やにおいを感じる、このように感覚を心地よく刺激するようにデザインされた庭のことを「センサリーガーデン」といいます。安全のために遊歩道の縁に目立つ色をつけるといった工夫もみられます。このように、ガーデンもダイバージョナルセラピーのステージとして大いに生かされています。

　もう一つ、ガーデンに必ずあるもの。それは「食事のできる場所」です。多くはバーベキューセットが置いてあり、外で食事やティータイムを楽しむことは施設生活になくてはならない楽しみとなっています。施設建築を手がける会社は、このようなガーデンの活用は施設監査（建築部門）で高い評価が得られると話していました。

ガーデンに設けられたチェスのゲームコート（Selwyn Village／ニュージーランド）。

入居者が自由に歩き回れるガーデン（オーストラリア）。

❷ DTケアガーデン

　日本で最も早くからダイバージョナルセラピーに取り組んでいる施設、千葉県佐倉市にある介護老人保健施設ユーカリ優都苑では、ガーデンをDT活動のシンボルと位置付けて活用しています。オーストラリアのセンサリーガーデンに学んで設計された約1万m^2の「ダイバージョナルセラピーケアガーデン（以下、DTケアガーデン）」は、五感へのアプローチを意識した5つのエリアがあり、それを巡るように小道が設定されています。5mごとにラインを引いてリハビリテーションの場としても使われますし、中央部にはグランドゴルフの

ユーカリ優都苑のDTケアガーデンのゲートは、常にオープンされていて、地域住民や他施設の人たちも散歩に訪れる。

コートがあり、毎日のように入居者が腕を競っています。車椅子でも使用できるので、そのためのボランティアも登録されています。

「ガーデンに行くと、ユニット内ではみられないような生き生きとした表情になられ、会話も増えます」と職員たちはガーデン効果を実感します。ずっと仕事一筋だった男性が、ここで園芸に熱中するようになって家族を驚かせたり、車椅子で入所してきた高齢の男性が竹林を通ったときに、子どもの頃から親と一緒にたけのこ掘りをしたことを思い出し、車椅子から立ち上がって「掘りたい！」と言い出したこともあります。見事にたけのこを掘り出して以来、自分から歩く練習を始め、6カ月後には歩いて退所していかれたという事例もありました。

筆者はガーデンで車椅子を押して歩くとき、いつも一緒に歌を歌います。こうすると回想につながったり、気分が開放的になるだけでなく、新鮮な空気をたくさん吸い込めるのではないかと思うからです。園芸の作業だけでなく、五感やコミュニケーションにさまざまな効果が期待できるDTケアガーデンです。

1万m²のガーデンの中には、車椅子でもプレイできるグランドゴルフ場があり、毎日のようにゲームが楽しまれている。

ガーデンの竹林で子供の頃を思い出し、車椅子から離れてたけのこ掘りをする男性入居者。

❸ 小さなスペースでもガーデン効果

このような広い庭が確保できるのは日本ではまだ稀ですが、小さなスペースでも、職員や地域住民の協力を得て、DTプログラムに活用することができます。

熊本市に5カ所の透析専門クリニックをもつ医療法人仁誠会では、長期の透析治療によって落ち込みがちな患者の気持ちを、何とか前向きに明るい方向に転換してもらいたいとダイバージョナルセラピーに取り組んでいますが、その一環として「クリニックに来るモチベーション作り」にと、外来の玄関周辺やベランダをプランターなどでガーデンに見立て、患者とともに花や野菜を植えています。毎回その成長ぶりを楽しみに通院する患者も増え、自分の透析の日ではないのに水やりのために来院する患者もいます。

1万m²も、プランター1個も、目的と意味を明確にすることで同じような成果を得ることができます。また、日本ならではのセンサリーガーデンのあり方を探るのも、今後の楽しみです。

透析クリニックの外来患者も野菜作りに参加して、通院のモチベーションに（クリニックながみね／熊本県）。

11 生活文化としての信仰

　オーストラリアやニュージーランドのアセスメントでは「スピリチュアル」の領域として、必ず信仰に関する質問が行われます。その人の宗教によってはお祈りの様式から食習慣まで変わってきますし、終末期のケアには特に欠かせない要素です。小さなチャペルや「祈りのコーナー」を設けている高齢者施設もあります。チャプレンと呼ばれる聖職者が職員として存在するところも多く、ダイバージョナルセラピストの役割を兼ねていたり、チャプレンとダイバージョナルセラピストが連携してパストラルケア（スピリチュアルな心のケア）にあたっている施設もあります。終末期や認知症を伴う人の心の平穏に、信仰の果たす役割は大きいといえます。

高齢者入居施設に併設されている教会（Villa Maria/クインズランド州）。

　日本では、これまで「介護」という分野の中ではあまり語られてこなかった「信仰心」ですが、高齢者にとって大切な心の拠りどころではないか…とDT活動の中で気づきました。

　「生まれたときは神社に参り、結婚式は教会で、亡くなればお寺で葬式」とよくいわれますが、一般的に（もちろん、確固とした信仰の世界はあります）日本における信仰心は、自然や地域、暮らしの知恵といった「生活文化」と深く結びついているのではないでしょうか。信仰心は非常に個人的な領域ですので、一概にはいえませんが、現在の高齢者は生活の中で宗教とどのようにかかわってきたのでしょうか。また、それをダイバージョナルセラピーでどのように生かしていくのか。これが今、日本でも大切なDTプログラムとなっています。

多民族国家・オーストラリアでは、アジア系住民の多い地域の入居施設には、仏教式の「祈りの場」も設けられている。

1 心の拠りどころ

　「生」の集大成としての「老い」と「死」に向かうとき、安心を与え、自らの人生に意味を見出す拠りどころとなるべき信仰心をもっている人が、施設に入所したことでそこから隔絶されてしまっていないか？ DTアセスメントにはそんな配慮もほしいものです（「DT好きなことアセスメントシート」53頁）。個別に本人の思いを聞き取って、希望があればシンプルな形での仏壇や遺影、聖書、お札、お守りなどを身近に置けるよう配慮し、またその世代、その地域で共有されている生活の中の宗教を施設の中でどう具現化したらよいのかを考えてみたいですね。「DTアセスメントシート（49頁）」

ある女性入居者の個室。亡き夫の位牌を祀った仏壇、壁には遺影と夫が書き残した書などが飾られ、心の拠りどころとなっている（特定施設のんびり村通津/山口県）。

の「どこか行きたいところは？」の問いに最も多い返答は「お墓参り」です。この願いを実現することによって、夜中の不穏を和らげることができたという事例もあります。

2　語り継がれる文化として

「今や、高齢者施設こそ日本の伝統文化と民俗学の宝庫だ」と永松敦氏（宮崎公立大学人文学部教授）は、日本DT協会主催の講演会（2011年）で語っておられるように、初詣、お彼岸、お盆、お祭り…など、その正統な由来やしきたりを熟知し、次の世代に伝えていくという役割を担ってきたのは高齢者でした。SONASセッションや季節行事の中で、その知識や技を発揮してもらえるように工夫し、施設の中でその文化を受け継いでいくのも、これからのDTプログラムの役割です。これまでSONASとして実施した中で、お盆の行事は特に高齢者の本領が発揮できるプログラムで、毎年恒例となっている施設もあります。

3　生活にメリハリと変化を

おそらく現代のように娯楽や交通の発達していなかった時代、祭りは庶民にとって最高のダイバージョンだったのではないでしょうか。そして最も華やかな生活文化としての宗教行事だったといえます。それを連綿として受け継ぎ、次の担い手を育ててきたのも高齢者たちです。その心意気に触れることができるのもダイバージョナルセラピーです。もちろん実際の祭りにお連れできれば一番ですが、祭り行事の一部を施設にもち込んだり、大スクリーンにDVDで地域の祭りの様子を映し出したり、その映像に合わせて楽器や太鼓を打ち鳴らし、祭りにちなんだ食べ物を食べるなど、祭り気分を五感で感じてもらえるようなプログラムも実施されています。

毎年、地域の祭りに合わせて実施される橋本病院の「お祭りSONAS」。スクリーンに実際の祭りの様子を再現し、参加者は法被を着て歌い踊る。最後は「神社」（DT Café「神社、仏壇、ひぬかん」124頁）にお詣りして賽銭を供える。

「神社」「仏壇」「ひぬかん」

「オーストラリアのナーシングホームにチャペルがあった。日本の病院には神社があってもいいのではないか」。オーストラリアのDT研修から帰った看護師のアイデアで、病棟の一隅に「神棚」が安置されたのは香川県の橋本病院の認知症治療病棟。2007年のことでした。ちょうどお遍路道に沿った地域で、生活と信仰は密接につながっていました。神棚を置いただけで、患者の行動に変化がみられるようになりました。毎朝お参りにいく人が出てきて、赤ちゃん人形を歩行補助車に乗せて参る人もいます。不安げに歩き回る患者にケアワーカーが「お参りに行きましょうか」と声をかけると、その人は神棚に手を合わせてお経の一節を唱え、少し落ち着きます。自分の集めた八十八カ所の御札を「祀ってほしい」ともってくる患者もいます。時々、そっとお賽銭も…。

「もっと神社らしくしよう」と職員たちが率先して鈴を吊るしたり、灯明（電気）を置いたり、御神幕も張られました。大工仕事の得意な職員が檜皮風に反りの入った屋根や竹垣を作って今ではすっかり神社らしくなりました。患者たちはその前で神妙に柏手を打ち、普段はご詠歌を歌ったり経を唱えたり、地域のお祭や初詣には行列を作ってお参りに行きます。神も仏も皆、人生の友！ 認知症治療病棟に創建された橋本神社は10年近くになりますが、まだ誰も神具を壊したりもち去った人はいません。

このことを知った東京の特別養護老人ホームつきみの園では、廊下のリネン棚を改装して仏壇を作ってみました。やはり自然と手を合わせる入居者の姿がみられます。家族にも「久しぶりに母と一緒にお参りができた」と喜ばれています。お盆のSONASでも仏壇は大活躍します。

沖縄のグループホームひめゆりでは、地元の信仰の厚い「ひぬかん」をお祀りして、帰宅願望の強い入居者に「あなたが守ってね」とお願いしたら、以来ピタリと離園することはなくなりました。

心の安寧は、このような身近な生活の中に求めることができるのです。

神棚を中心に、職員が手作りで建立した「橋本神社」。患者たちも神妙にお参りする（橋本病院／香川県）。

長い廊下の途中に大小のお地蔵さん。もともとは「放尿防止」のために職員と患者が共同で作ったもの。いつの間にか手を合わせる人が増えてきた（同病院）。

特別養護老人ホームの手作りの仏壇（特別養護老人ホームつきみの園／東京都）。

「ひぬかん」は火の神様。女性がお守りする台所の神様でもある（グループホームひめゆり／沖縄県）。

第4章 日本におけるダイバージョナルセラピーの実践例

　実際に日本の介護施設の現場ではどのようにダイバージョナルセラピーが実践されているのでしょうか。その事例を紹介したいと思います。そこでまず考慮しなければならないのは、オーストラリアもニュージーランドもダイバージョナルセラピーは専門職として確立され、各施設では独立したセクションとして存在しますが、日本では介護職、看護師、リハビリテーション職員などとしての本業務を行いながら、ダイバージョナルセラピーに取り組んでいるのが現状です。それが"負担"となるのか、楽しさに結びついて介護という仕事に喜びややりがいを見出せるのか。そこに日本のダイバージョナルセラピーの大きな課題があるといえます。

　ここに述べるDT活動は、入居者や利用者だけでなく、職員のQOLにとっても重要なコンセプトとして、ダイバージョナルセラピーを運営方針の中に明確に位置付けている法人が中心となりますが、そのような法人に属さないダイバージョナルセラピーワーカー（以下、DTワーカー）も多数おられ、さまざまな職場で、自分一人からでもDTの考えを仕事に生かしていこうと努力とチャレンジを続けているのです。そのような活動は、たとえ目立たなくとも、介護を受ける人々に大きな喜びと楽しみをもたらしている大切な存在であることを忘れるわけにはいきません。

　一方、実践施設においても、職員全体の理解を得るには相当の努力と工夫が必要です。そのため、どの施設でも職員へのDT研修や勉強会、DT委員会の運営などが継続的に行われています。その上で初めて、次のような活動が展開されるのです。また日本では施設の種別も複雑であるため、以下に挙げたダイバージョナルセラピーの事例は、必ずしもその種の施設に限定されるものではありません。

1　特別養護老人ホーム

　入居者が重度化してきている特別養護老人ホーム（以下、特養ホーム）には、ダイバージョナルセラピーの導入が急務ではないかと考えます。終身入

居が多いので、アセスメントにも時間をかけて取り組める一方、従来の介護業務に追われる中で、入居者とゆっくり向き合う時間をどう作っていくかという大きな課題もあります。実践施設では、DT ワーカーが中心になって「DT 委員会」などを立ち上げ、定期的にミーティングをもちながら、職員全員がそれぞれの居室担当の入居者へのアセスメントを行うところから始めています。定着しているプログラムとしては、SONAS セッションやルームビジット、ドールセラピーなどがあります。

特に重症の入居者が多い特養ホームとしては、このようなプログラムは大きな意味をもちます。第 2 部第 3 章「ルームビジット」（115 頁）で紹介した「つきみの園（103 床）」の事例のように、ルームビジットはベッド上の時間が多く、他者とのかかわりの少なくなった入居者にとって貴重なふれあいの機会をもてるだけでなく、職員一人ひとりが定期的に必ず入居者と 1 対 1 の時間をもつという体験から、職員の意識改革にもつながっています。

つきみの園では、職員がルールを作って実施するようになって 2 年。DT 委員会が聞き取った職員の感想は次のようなものでした。

- 仕事の一部として時間を決めて行うことで、周囲を気にせずに入居者とふれあうことができる
- 1 対 1 でかかわることで、微細な表情や動きまで観察することができて、普段はみられない表情にやりがいを感じる
- 入居者のよい表情がみられてうれしい。
- 職員自身がルームビジットを楽しんでいる
- 過去のルームビジットの記録を参考に行っている
- アセスメントシートへの書き込みが増えた
- 職員間での情報共有の大切さを再認識した

「もっと入居者さんとゆっくりかかわりたい」という気持ちはあっても「時間がなくて実施できない」というフラストレーションが職員を追い詰めている場合が少なくない介護の現場で、ダイバージョナルセラピーとしてのルームビジットが、職員の満足や喜びにもつながっていることがわかります。つきみの園でのルームビジット成功の秘訣は「DT プログラムを毎日の業務のタイムテーブルに組み込む」ということでした。

その施設の特性によって実施の方法は一様ではありませんが、職員の意識を統一して新しい取り組みを始めようというとき、このような 1 対 1 のコミュニケーションも業務として位置付け、職員が心おきなく入居者と向き合う時間を作り、DT 委員会メンバーがサポートする…といった組織作りが必要です。そのための一本の「柱」として、ダイバージョナルセラピーが生かされた事例といえます。

また、高齢者施設全般にいえることですが、レクリエーション活動などでは、ある程度元気で会話も成り立つ人を参加者に選びがちです。特養ホームでは、身体的にリスクの高い人や重度の認知症のためコミュニケーションの困難な人にこそ、SONASのようなDTプログラムに参加してもらいたいのでテーマ選びや実践の工夫が必要です。目で見てすぐにわかるような場面設定（季節の花や作物、伝統的な飾りなど）や、できるだけ直に物に触れたり、においを嗅ぐ、味わうなどの五感への働きかけを多用します。また、ゲーム的な要素や軽いエクササイズなど身体を使った動きを取り入れることで、表情や行動にポジティブな反応が得られます。

車椅子使用のまま参加するより、できるだけ安楽な椅子に座り替え、クッションなどで体をサポートする工夫も必要です。苦痛を伴う場合は避けますが、車椅子から離れるだけで気分が変わることもあります。また、どうしてもベッドから離れにくい人には、ジェルチェア（資料編「DT関連グッズ」158頁）のような安楽なリクライニング車椅子を用意したり、SONASで使用したものを部屋にもって行って、個別に楽しんでもらうということも考えられます。

正月やクリスマス、夏祭りなど年中行事なども特養ホームではよく実施されていると思いますが、ベッドに取り残されている人がいないか、参加できない人にはどのように楽しんでもらったらよいのかが、DTプログラムの大切な視点です。

プールに水を張って氷やナス、キュウリ、スイカ、トマトなどの夏野菜を浮かべて冷やし、手に取って見る。思わずがぶりとかぶりつく一幕も（これもOK）。次に野菜めがけて水鉄砲を発射。普段はほとんど手指を使うことのない入居者たちが巧みに水をかける姿に職員も驚いたほど。夏のSONASの一幕（特別養護老人ホームタマビレッジ／群馬県）。

初詣　家族の協力で手作り鳥居をベッドサイドへ ━━━ ⓘ

　　群馬県玉村町にある特別養護老人ホームタマビレッジのお正月は、ダイバージョナルセラピー導入以来、職員手作りの「タマビ神社」への初詣で始まるようになりました。クリスマスツリーを門松に変身させ、段ボール製の鳥居や賽銭箱、おみくじなどをセットして、廊下の一隅が神社になります。ほとんどの入居者がお参りし、神妙に柏手を打ったり、おみくじに一喜一憂したり…というのがこれまでの風景でした。

　　このような活動を知って、木工の得意な職員の家族が、木製の本格的な鳥居を作ってくれたのです。それは片手でもてるほどの小さなものでしたが、DTワーカーをはじめ職員は大感激。そこで気づきました。「これならベッドまでもって行ける！」。何人かの入居者は、廊下の神社まで出てこられていなかったのです。職員は「小さな大鳥居」に鈴を付けて、

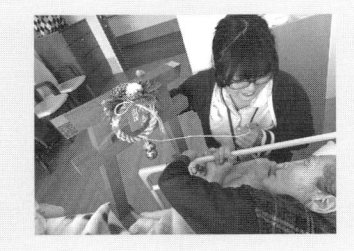

> そんな一人ひとりのベッドサイドを訪れました。目の前に現れた真っ赤な鳥居に驚きながら、紐を揺らして鈴を鳴らしていると、表情が和らぎ、祈るように口を動かす人も。こうして「参加できなかった人にもSONASを」が、一つ実現できたのです。
> どこでもみられる新年の行事ですが、職員と家族の協力からダイバージョナルセラピーの実践を一歩進めることができた初詣でした。

2 介護老人保健施設

　介護老人保健施設はリハビリテーションなど多職種の協力を得られるという特徴がありますが、入退所が頻繁なので、アセスメントが追いつかない懸念もあります。まずは本人とのコミュニケーションを密にしながら、レクリエーション活動に誘ってみるところから始めましょう。実践施設ではSONASの他、園芸、メンズクラブ、趣味のクラブ活動、料理、グランドゴルフ、カラオケ、アニマルセラピー、個別には脳トレ、折り紙、手芸などに取り組まれています。

❶「ユーカリ優都苑」での実践

　千葉県のユーカリ優都苑では、96床を8ユニット・4チームの介護体制をとっていますが、ダイバージョナルセラピーを導入して11年たちました（2016年現在）。前例のない日本のダイバージョナルセラピーを手探りで試行錯誤を続けながらの実践でした。

　現在、毎月SONASを実施しながら、ガーデン散歩やグランドゴルフ、作付けや収穫といった約3,000坪（約1万m^2）の「DTケアガーデン（120頁）」を生かしたプログラムが特徴ですが、市民ボランティアが100人以上登録されているのも強みです。

　それらのプログラムがどのくらい入居者への実践につながっているかをデータとして集約できないかと、介護の電子カルテの中に、ダイバージョナルセラピーの専用項目を追加しました。これによって、DTプログラムはすべてバーコード管理され、いつ、誰が、どのプログラムに参加したかを簡便に入力・集計できるようになりました。月に1回のDT委員会が開かれ、同苑のDT推進について話し合いますが、その中から実現したのが「10時勤」というシステムです。10時〜19時の間、介護業務からフリーになって、できるだけダイバージョナルセラピーに専念するという役割。毎日この勤務体制ができるわけではありませんが、入居担当の全介護職員が月に1〜2度は経験でき

て、ダイバージョナルセラピーへの理解が深まり、入居者にとっても楽しい時間が増えることになります。

動物の介在もユーカリ優都苑のDTプログラムの特徴です。月に一度、移動動物園と契約して小動物を連れてきてもらい、DTケアガーデンでふれあう時間を設けています。看護師でDTワーカー、さらにアニマルセラピストの資格ももつ水野誠氏は、週に1～2回、自分が飼っている2匹の訓練された介助犬を連れて出勤します。このような日常的な動物とのふれあいは、入居者のダイバージョンに大いに役立っています。また、心配されたほど"動物嫌い"の入居者はいないということです。

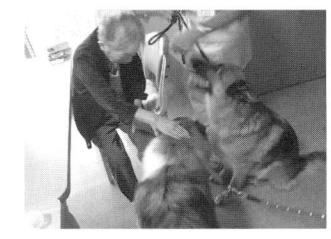

訓練を受けた大型の介助犬は入居者に新たな楽しみをもたらした（介護老人保健施設ユーカリ優都苑/千葉県）。

❷ 「ひまわり」での実践

介護老人保健施設では、理学療法士や作業療法士がDTワーカーとして活躍している例もあります。札幌市の医療法人社団豊生会の介護老人保健施設ひまわり（100床）の、作業療法士でDTワーカーの湯藤麻貴子氏は「作業療法とダイバージョナルセラピーは、その人のライフスタイルを評価して、好きなことを生かしながらQOLを向上させようという点で共通しているのですが、OTはどうしてもADLに偏りがち。ダイバージョナルセラピーを学ぶことで、幅広く利用者をみていかなければいけないことを再認識しました」といいます。特に高齢者を対象とする介護老人保健施設におけるリハビリテーションでは、意欲やモチベーション作りにダイバージョナルセラピー的なフォーカスが重要になります。湯藤氏によると同施設では具体的に次のような事例がありました。

「ダイバージョナルセラピーでリハビリテーションへのモチベーションが高まることも！」と作業療法士でDTワーカーの湯藤氏（冬のSONAS）。

- 食欲の低下はいくらリハビリテーションの訓練をしても改善しなかったが、ダイバージョナルセラピー的アプローチによりその人の好きなことができるような楽しい時間を増やすことで、「食べたい」という意欲につながって食欲が増進した。
- 歩行訓練に意欲がなく、部屋に閉じ込もっていた入居者に、しっかりDTアセスメントをして、SONASに誘ったり、同じような"好きなこと"をもつ入居者と一緒にお茶会などを設けているうちに、歩く意欲が出てきた。

また、特に介護老人保健施設では他の高齢者施設より若い世代と男性が増えているようです。そのためその趣味・趣向にも変化がみえてきていますし、若年性アルツハイマーを伴う人には従来の高齢入居者のためのプログラムとは異なるチョイスも必要です。例えば音楽の要望をアセスメントにみてもジャズ、クラシック、ビートルズ、坂本九…と多彩になってきました。ジャズのリズムを生かしたボディーパーカッションセラピーやコーラスグ

ループの活動、クラシック鑑賞会など新しいプログラムを導入するなど、介護、看護、リハビリテーションスタッフなど多様な専門職が連携して新たなダイバージョナルセラピーの開発が期待されます。

行列のできる映画会

❶

介護老人保健施設ケアセンター赤とんぼ（熊本県）が実施した「行列のできる映画会プロジェクト」とは？ 以下は、そのレポートです。

発端は、周囲になじめず、孤立してトラブルを起こしやすい入居者Aさんのために、入居者同士「共通の楽しみ」をもってもらおうというもの。アセスメントシートを繰っていると「映画」というキーワードが見つかった。映画のイベントはこれまでにも実施したことはあるが、今回は目的を明確にし、DTプログラムとして意味をもたせることを目指した。

① "職員に連れて行かれる"のではなく、自分から行きたくなる映画会にしよう
② "あの頃"を感じてもらえるように
③ 映画会を通して "社会（ソーシャル）"を考えよう

上映は「ローマの休日」と決まった。「映画で社会性」とは何か？「広告」だ！というわけで、まず職員たちは大きなポスターを作り、テーブルに置くポップなどで「行きたい」という気持ちをそそった。映画会の当日、女性職員は白のブラウスに黒のタイトスカートという "あの頃" の服装で、チラシと写真入りのチケットをもって、入居者一人ひとりに "宣伝"して歩いた。

ねらいは的中。開演が近づくと、できた！ 行列が。50人のフロアで20人が自分から行きたくなってくれたのだ。車椅子を自走して、杖をついて、車椅子を他の入居者が押して並ぶ姿も…。入り口で、もぎり嬢に切符を差し出す表情がわくわくして見えた。終演後、これまで言葉を交わすことのなかった入居者たちが、互いに昔見た映画のことなどを話していた。Aさんも楽しい時間を共有できたようだ。

ポスターを見て「行きたい」と思い、チラシで誘われチケットを買って映画館に行く…という社会人としては自然な行為を、職員の創意工夫で施設の中で実現できました。

映画会のチラシを見せながらチケットを売る（実際は無料）。

できた！ 会場前の廊下には「観たい」という人の行列が。

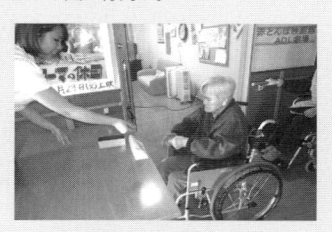

入り口でチケットを差し出す観客もわくわく?!

揺れる銀幕で、懐かしの映画会。次は何が観たい？

3 サービス付き高齢者向け住宅・グループホームなど

　いわゆるサービス付き高齢者向け住宅やグループホーム、有料老人ホームでは、運営主体が企業である場合が多く、その自由裁量的なゆとりを介護の質の向上に生かせば、ダイバージョナルセラピーの実践でもユニークな活動が可能になり、それは大胆な業務改善や入居者のライフスタイルの転換にもつながっていきます。ここでは第2部第3章で紹介した「のんびり村通津」（101頁）の事例で紹介します。

　サービス付き高齢者向け住宅（特定施設入居者生活介護）「のんびり村通津」では開設準備段階から職員にDT研修を導入し、施設長と介護職員一人がDTワーカーの資格をとりました。しかし開設当初は入居者も落ち着かず夜はナースコールのやむ間もないほどでした。そこで始めたのが「毎朝、海辺まで散歩する」こと。動機はDTワーカー養成講座で学んだスリープマネジメントでした。

ヒント　スリープマネジメント

スリープマネジメント

　「夜、良質な睡眠を得るためには、昼間どう生活するかが問題。特に介護施設においては、昼間のライフスタイルを調整する役割のDTワーカーにとって必須のスキルである」としてDTワーカー養成講座では、広島国際大学教授田中秀樹氏を講師に迎え、スリープマネジメントを学ぶ（講座カリキュラムについては第1部第3章に記載）。詳細は田中氏の著書『ぐっすり眠れる3つの習慣』（ベスト新書）などを参照。

スリープマネジメントの3つの要点

①午前中に外気や陽光に触れて脳の活性を促す。と同時に、入眠に必要なホルモン「メラトニン」の夜間の産生が準備される

②昼食後は、最も体力や身体機能が低下する時間帯でもあるので、短時間の昼寝をする（午後3時までに30分程度が適切）。ここで無理をして起きていると、夕方には疲れて居眠りをしてしまう。これが夜の不眠を引き起こす

③夕方に軽い運動やレクリエーションを実施して、気分や深部体温（脳や内臓の温度）の高揚を図る。その後この深部体温は徐々に下降し、7時間後くらいに入眠する

　このようなスリープマネジメントの考え方は、ダイバージョナルセラピーにとっても施設の生活そのものにも、大きな示唆を与えてくれます。なぜ、職員が一生懸命レクリエーションをしようとしても、参加者は居眠りしてしまうことが多いのか？　なぜ転倒

> するのか？ なぜ、夕暮れになると不穏になるのか？「のんびり村」は、まさにこの問題に真正面から取り組んだ事例といえるでしょう。

　「のんびり村通津」では田中秀樹氏 *1 の指導も受けて、スリープマネジメントに基づく「朝の散歩」を開始。以来6年、入居者は毎朝、9時を過ぎると自発的に玄関に集まってくるほど散歩を楽しむようになっています。
　しかし、20数人の入居者が外出するためには、午前中の業務（掃除、入浴など）はバイタルチェックを除いてストップせざるをえません。そのしわ寄せは午後の業務を過密にしたり、これまであまり作業的な仕事を入れていなかった土曜・日曜日が忙しくなったりしたことで、職員からは不満が続出しました。
　そこで、当時の施設長・古城恵氏は、「入居者さんが一番楽しみにしているのは"散歩に出る"こと。そこからもう一度、業務の流れを見直そう…」と職員に呼びかけました。
　そこで、午前中はとにかく入居者と散歩を楽しむことにしました。昼食後の2時間は入居者全員に自室へ帰ってもらい、職員は介護以外の業務に専念し、掃除や記録、ミーティングなどはこの2時間に集中して効率よく行えるようになりました。この時間を「リフレッシュタイム」と名付けて、入居者は自室で一人くつろいで過ごし、30分ほどの昼寝も奨励しています。1日中、ダイニングの椅子や車椅子に座っているのはどれほど苦痛なことでしょうか。終日、集団生活というのも精神的に疲れます。この2時間は職員にとっても、入居者にとってもリフレッシュタイムなのです。車椅子から離れてベッドで横になるだけでも、足のむくみが軽減した入居者が数人います。
　リフレッシュして元気の出たところで、みんなそろっておやつを楽しみ、5時頃から歌やゲーム、体操などレクリエーションの時間となります。こうして気分の落ち込みがちな、特に認知症を伴う人にとっては最も不穏になりやすい夕暮れの時間を、楽しく活気をもって過ごすことによって、ほとんどの入居者が安定した睡眠を得られるようになったのです。あの鳴りやまなかった夜のナースコールが4カ月で激減しました。
　図12 は最もナースコールの多かった入居者の例です。A氏は102歳、要介護2ですが、日中はベッドで傾眠がち。夜間は不穏になってナースコールは20回以上という毎日でした。スリープマネジメントに基づいた生活を始めると、変化はすぐにあらわれ、1か月経つとナースコールは10回以下に。4か月後には2回以下になって、Aさんは生活リズムを取り戻していきました。
　このように、何を優先すべきかを考えて、業務の改革もいとわず入居者の

*1
田中秀樹氏：広島国際大学大学院心理科学研究科教授．専門分野は睡眠学、長寿科学など。

毎朝、浜辺まで散歩にいくところから、スリープマネジメントは始まった。

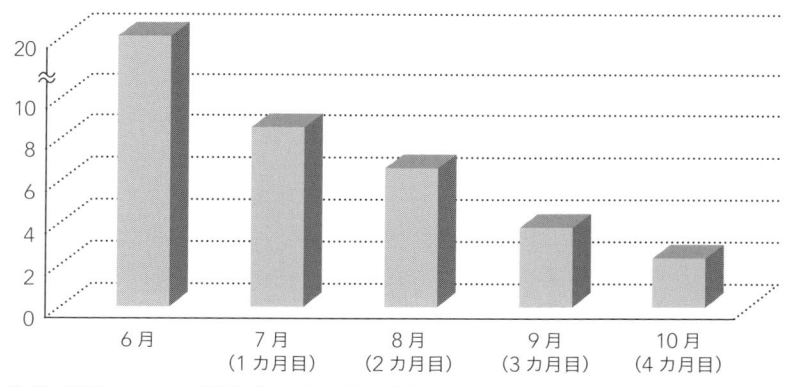

図⑫ 夜間のコール回数（A氏の月平均）

ために最善と思われる手法を柔軟に取り入れていくためには、根拠となる一つの理念と"思い"を共有する必要がありました。それが、「のんびり村」の場合はダイバージョナルセラピーだったのです。

ホームケアサービス山口では、「入居者も職員も自分らしく楽しい暮らしを！」を理念とし、その具現策としてダイバージョナルセラピーを柱に職員の意識統一を図りました。一時的には不満や不都合があってもぶれずに"入居者が望む"散歩を継続していったことが、入居者にとっては不眠の解消という成果を生み、職員にとっては夜勤業務の軽減につながりました。

こうして「のんびり村通津」の散歩は、入居者の大きな楽しみとなったばかりでなく、体力や脚力を向上させ、6年間「インフルエンザ罹患者ゼロ」という成果も生みました。さらに「私は〇〇〇がしたい」という意欲を生じさせ、次々と入居者のほうから外出先の希望が出るようになり、ついには「泳ぎたい」という意欲にもつながったのです。

このような活動が、同法人の他地域の「のんびり村」にも刺激を与え、それぞれのソーシャルプログラムとなりました。散歩というアクティブなプログラムを継続している各「のんびり村」ですが、2010年に開設した通津や今津では施設でターミナル期を迎える入居者も増えてきて、いかに楽しさや心地よさを維持し、最期の望みをかなえられるかが、「のんびり村」の新たなDTプログラムのチャレンジとなっています。

一般的にサービス付き高齢者向け住宅や有料老人ホームでは、健常な高齢者から（特定施設では介護1から）ターミナルに至るまで、人生の幅広いステージが存在します。入居者の状況や希望、ニーズも多様です。また、地域密着型の施設ではそれまで築いてきた"地域のつながり"を施設に入っても途切れさせないようにしたいものです。そのような中で一人ひとりが最期まで"自分らしく楽しく"を維持するには、ダイバージョナルセラピーによる多様性と個別性が問われます。

「ビフテキが食べたい」というターミナル期の入居者S子さんのために、居室で肉を焼いてにおいや音を感じてもらおうとにわか焼き肉店を開催。S子さんは1枚のステーキを平らげて満足された。

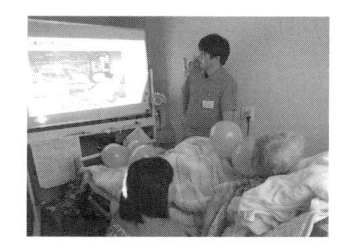

ターミナル期の入居者K子さんのために、家族に依頼して若い頃から最近までの写真を提供してもらい、パワーポイントにまとめました。ほとんど目を開くこともなくなっていたK子さんでしたが、夫の写真が映されると頭をもち上げて、じっと見つめて…、その日の午後に永眠されました。

海水浴とリスク　　　　　　　　　　　　　　　　　　　　　　⓯

　2011年から始まった「のんびり村通津」の海水浴は、高いリスクを負った実践であることを承知のうえで、医師の診察、家族の意見、当日の看護師の判断を得ながら本人の希望を聞くという手順を踏み、一人ひとりの楽しみ方とさまざまなリスク対応を考えてきました。
①家族とのコミュニケーションが増えた：ほとんどの家族が「まず本人の気持ちを優先したい」と海水浴の実施を受容しました。
②他施設との連携：ほぼマンツーマン対応のため、他の「のんびり村」からの応援は不可欠です。それぞれに「担当入居者」を決めて一人ひとりの身体状況、必要な介助、DTアセスメント情報を「写真入りプロフィールシート」として提供します。
③個別のニーズの見える化：「全身海に入ってもよい」から「浜辺で楽しむ」まで、一人ひとりのニーズを「腕輪」のカラーで区別し、誰もが判別できるようにしました。
④実施前後のバイタルのチェック、浜辺の清掃から実施後の浴室対応まで、職員の役割分担を明確にします。

　この年、ターミナル期にあった女性Fさんが、どうしても海に行きたいと望まれました。家族も本人の希望をかなえてあげたいとの意思で、海水浴の日を迎えました。リクライニング車椅子で浜辺まで行き、職員が海の水を汲んでFさんの足を浸しました。スイカ割りのスイカを自らの手で口に運び、満足そうに食べられました。Fさんはおだやかな光に包まれたような笑顔を残して、25日後に永眠されました。Fさんは、ターミナル期におけるダイバージョナルセラピーへの多くの示唆を与えてくださいました。

　このようにさまざまなリスクを想定しながらも、入居者の希望に沿った海水浴のあり方を考えるプロセスは、オーストラリアの「高齢者入居施設における入居者の権利と責任の憲章」に謳われている「リスクを受容する権利」への学びであるといえるでしょう。

Fさんの笑顔

4 ケアハウス（特定施設入居者生活介護）

サービス付き高齢者向け住宅と同様、ケアハウスの場合も認知症の初期の入居者が多く、いかにして今もっている日常性を低下させないかがダイバージョナルセラピーの課題となります。特定施設のケアハウス「どんぐり」[*2]では、看護師で施設長の高田武代氏がDTワーカーを取得して、職員へのダイバージョナルセラピーの普及とともに率先してDTワーカーとしての活動にチャレンジしています。その中で、一人の男性入居者B氏の事例は、まさに"日常を取り戻す"プロセスでした。

B氏は2015年当時102歳。要支援の段階で入居され、初期の認知症も認められますが普通の生活が送られていました。ところがある日、突然失禁されたことから居室に閉じ込もるようになり、夜間の混乱などがみられるようになりました。混乱の原因は、失禁によって自尊心が傷ついたことに加えて家族との確執、下肢の血行障害から痛みがあるため歩行が困難になってきたことへの不安といら立ちなどであることがわかり、B氏のDTプログラムが2つ計画されました。

- 毎日15分間の足浴と下肢マッサージ
- 安心のため車椅子を使用してガーデンに行き、1対1の会話

これを3日間続けると失禁は止まり、夜間の混乱もおさまりました。やがて居室から出て食堂でみんなと食事をとるようにもなり、自ら希望して趣味の会に参加するまでになりました。

[*2] 社会福祉法人豊資会／福岡県

夕陽を見に行こう！　　　⓰

先のような改善は、最初の混乱を見逃さず即座に1対1のDTプログラムを実施していったことが功を奏したとみられます。さらに高田氏はガーデンでの会話を続け、「夕陽を見ながら一杯やってみたいもんだなあ」というお酒好きのB氏のつぶやきを聞き逃しませんでした。「これはすてきなDTプログラムになりそうだ」と、早速職員たちと準備に取りかかりました。
① 「夕陽を見に行く会」の実施計画の作成
② B氏を含めて4名の入居者を誘い、職員4名が同行する
③ 行く先は、夕陽を見るための公共施設「夕陽館」（車で30分ほど）
④ 夕食には市販の弁当を購入（前もって写真メニューを見て自分でチョイス）
⑤ 夕陽館へは下見を兼ねて訪問の主旨を伝えに行く

などの準備をして実施しました。3時半頃施設の車で出発し、夕陽が海に沈むまでゆっくり眺め、B氏の念願だった「夕陽を見ながら一杯…」も実現できました。帰りはすっかり暗くなり、思いがけない「夜の外出」に、車内はちょっとワクワク気分。参加した4人も、同行の職員も、いつになく会話が弾んでいました。

このDTプログラムでは、B氏が初めて味わった屈辱感によって自室に閉じ込もってしまったことからの転換（ダイバージョン）が段階を踏んで行われ、施設始まって以来の「夜の外出」となりましたが、これをきっかけに、職員の間にもダイバージョナルセラピーの意味を理解し実践に参加しようという動きが広がっていきました。以来、できるだけ外出を取り入れようと、アイデアを練っています。

ケアハウスのように認知症も介護度も軽度の入居者が多い施設では、このように初期の変化を見逃さないこと、外出などによる社会との接触や日常的な刺激を意識したプログラム作りが大切です。

「夕陽を見ながら一杯やりたい」という望みを実現したB氏。じっと陽が沈むのを見つめる。

夕陽を見ながら、自然と歌が口ずさまれた。

5　デイサービスセンター（通所施設）

デイサービスセンターで設計段階からダイバージョナルセラピーのコンセプトを取り入れた事例を紹介します。日本の通所施設は、広くも狭くもワンルームで行われるところが多いようですが、オーストラリアでよくみかけるタイプは、リビング風の広めの部屋の他に、工作の部屋、少人数でボードゲームなどをする部屋、静かに音楽を聴いたり本を読んだりくつろぐ部屋など、いくつか目的別に区切ってある施設を多くみかけます。こうすると個人のニーズに応えやすく、認知症を伴う利用者にも落ち着いた環境を提供することができます。だだっ広く、常に人声や雑音のする環境は、特に虚弱な、あるいは認知症を伴う人を疲れさせてしまうからです。

鶴ヶ島市にあるデイサービス「はなみずき」[*3]では、設計の段階からDTワーカーの森本由美氏が管理者としてかかわり、リビングの他に畳の和室4室を設置しました。2010年に開設以来、この和室が利用者の間で好評となり、囲碁、将棋、手芸などのアクティビティや静かに新聞を読んだり、

[*3]
株式会社介護サービス鶴ヶ島／埼玉県

4つの和室で構成されたアクティビティルーム

昼寝の場所ともなっています。また、この4つの和室は、ふすまを外すと大広間として集団レクリエーションや集会の場としても使えます。このように、個別性と社会性を合わせもつデザインはまさにDT的といえるでしょう。

在宅介護が進むこれからは、重度の介護を必要とする人や寝たきりの人の利用も増えるため、通所施設でも個別性やセンサリーセラピー的なプログラムも必要になってくると考えられます。

6 病院、クリニックなど

オーストラリアでは州立病院の精神科病棟や私立の精神科クリニック脳障がいユニット、リハビリテーションセンターなどにダイバージョナルセラピストの活躍の場が広がってきていますが、対象は比較的若い世代です。高齢者や認知症を伴う人は病院より家庭的な介護施設で…と、病院と施設のすみ分けが明確にできていますが、超高齢社会の状況下にある日本では今後も病院やクリニックにおいても患者の高齢化や認知症ケアに対応していくことは必須であると考えられます。

「どこで老いても、どこで最期を迎えても、自分らしく楽しく生きぬく」というケアを標準化するためにも、この分野におけるダイバージョナルセラピーの開発が急務ではないでしょうか。

現在、日本で本格的にダイバージョナルセラピーに取り組んでいる病院として、橋本病院[*4]と透析専門クリニック[*5]がありますので、その事例から今後の病院やクリニックにおける認知症ケアを考えてみます。

橋本病院認知症治療病棟では、DTワーカーの看護師2名と各ユニットの介護士、作業療法士と音楽療法士がDTチームとして組んでダイバージョナルセラピーの推進役となっていますが、全職員が日々のレクリエーションに参加した患者一人ひとりの様子を「DTノート」に記録し、それが蓄積されていっています。

SONASやセンサリーセラピーの継続と成果に関しては前章で述べましたが、ほとんどの患者が合併症をもち、認知症が重度になってから入院してくるという現状の中で、医療と看護と介護の連携によって少しでも患者のQOLを維持、向上しようというチャレンジに、ダイバージョナルセラピーが一つの役割を担っているといえます。

SONASが9年を経た2015年は、新たなチャレンジとして「外出

*4
医療法人社団和風会／香川県

*5
医療法人社団仁誠会／熊本県

SONAS」を始めました。毎月、その季節を楽しめるような場所を探して、屋外でのSONASを体験してもらおうというものですが、焼きいもの事例（DT Café「五感の記憶」92頁）のように、自然の中に出れば細かいお膳立てなど必要ないくらい、患者自らが生き生きとした表情で話し、行動するようになります。

　現在、橋本病院では月に2日間をSONASの日に当てていますが、外出グループは7〜10人の2グループです。重度やターミナル期におけるセンサリーセラピーは従来のまま継続し、外出の困難な患者を対象に今までどおり室内でのSONASも実施します。室内SONASのために職員たちが家に咲く花をもち寄って協力しているので、橋本病院のSONASはいつも季節の花にあふれています。このように、日程を決めてそれに向けて職員のシフトを組み、職員が協力して業務の中に組み込んでいったことが、継続の秘訣であるといえます。

秋：近くの公園に紅葉狩り。夢中になってきれいな落ち葉を拾い集めた。

　また、病院という制約の中で、いかにして家庭的な安らぎを提供しながら、本来の「治療」という目的を達成していくか？ そこにダイバージョナルセラピーがどう役割を果たしていくか？ 多くのチャレンジがまだまだ続きます。

昔から「つつじの駅」として有名な豊浜駅へ。特急電車の通過が最も刺激的な出来事。狭い和式のトイレも何とかクリア。

　熊本市の医療法人社団仁誠会は介護老人保健施設や通所リハビリテーション施設とともに、透析専門クリニック5カ所（患者数約600人）にそれぞれDTワーカーを配して、有床診療所の入院患者と外来患者にDTプログラムを実践しています。なぜ透析クリニックでダイバージョナルセラピー？ と思われるようですが、透析という終わりのない治療に患者は疲弊して意欲を失くしたり、透析医療の進歩で患者が高齢化し認知症も増えてきたという現状の中で、「せっかく延びた寿命を、患者さんに生きがいをもって生きていただきたい。医療の中でもダイバージョナルセラピーは必ず必要になります。人は楽しむために生きているのですから」と会長の田尻宗誠氏は語っています。

　このようなクリニックにおけるダイバージョナルセラピーはオーストラリアやニュージーランドにも例がなく、関心をもたれている分野でもあります。クリニックならではのダイバージョナルセラピーを模索する中で、外来患者による小さな園芸や、女性患者によるおやつ作り、事務職員も参加して季節の飾り付けを継続したり、家族への手紙やライフボード作り…と、さまざまなアイデアが実践され、透析の日でもないのにDTプログラムを楽しみに来院する患者もいるといいます。一方、入院患者へのルームビジットやSONASも行われ、栄養士の協力で料理教室なども実施して、普段食事制

苦情件数

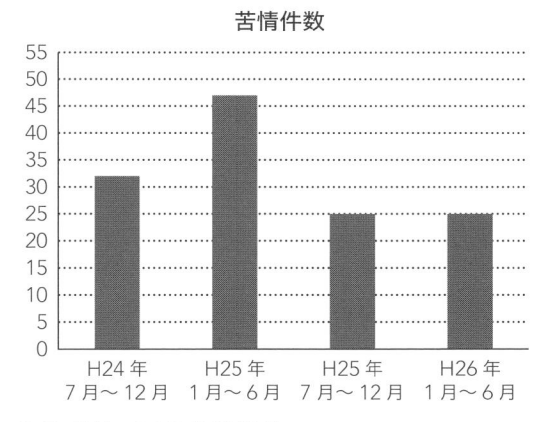

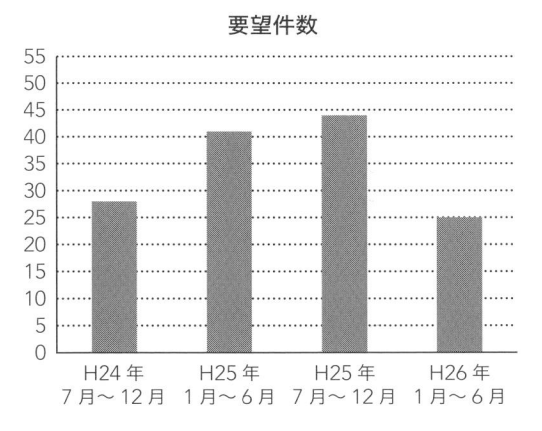

期間	件数
H24年7月〜12月	32
H25年1月〜6月	47
H25年7月〜12月	25
H26年1月〜6月	25

要望件数

期間	件数
H24年7月〜12月	28
H25年1月〜6月	41
H25年7月〜12月	44
H26年1月〜6月	25

図13 苦情・要望件数推移

限の多い患者たちが惣菜作りを楽しみました。

仁誠会ではこれまで全患者の「生きがいプラン」というフォームで一人ひとりのアセスメントを行い、その人の生きがいにつながるプランを考えてきました。そこにダイバージョナルセラピーの要素が加わり、「楽しむ」という目標が明確になり、プランがより具体的に立てられるようになったといいます。このように、従来のコンセプトをより強化、具体化することにもダイバージョナルセラピーの役割を見出すことができます。

それぞれのクリニックでは苦情のデータをとっていますが、ダイバージョナルセラピーの取り組みが始まってから、明らかに「苦情」が減り、それに代わって「要望」が増えたといいます 図13。これも患者の意識がポジティブな方向に変化したという、興味深い成果といえるのではないでしょうか。

食事制限の多い透析患者に食べる楽しみをもってもらおうと企画されたDTプログラム。畑で野菜を収穫し（左）、スーパーマーケットで食材を選び（中）、レジに並んで支払いをする（右）。ソーシャルプログラムの一環ともなった。

この執筆が終わろうとしていた2016年4月14日、熊本地方で大地震が発生し、甚大な被害に見舞われました。熊本市内にある仁誠会の各施設も例外ではありません。何もかもがひっくり返ったようなフロアで、入居者の食事も1日2食といった日々が続いたのですが、そんな中DTワーカーたちは「こんな時こそ楽しみを！」と立ち上がり、各部署で職員の協力を得て、震災3日後からレクリエーションを再開したのです。職場でダイバージョナルセラピーという理念が共有され実践されてきたことが、困難の中での素早い取り組みにつながったことを、私たちに伝えてくれました。お見舞いと同時に心から感謝を申し上げたいと思います。

資料編

資料 ① ナーシングホームにおける入居者の権利と責任の憲章

Charter of Care Recipients' Rights and Responsibilities
—Residential Care—
Aged Care ACT 1997, Schedule 1 User Rights Principles 2014

〈序文〉

すべての人々は自由で尊敬される権利をもち、公平に待遇される権利を有する。肉体的、精神的な状態や、権利を認知して行使できるかどうかにかかわらず、施設に入所したからといって、一人ひとりの権利がないがしろにされることはない。

家族、友人、施設所有者とスタッフ、介護人および地域の人々によるポジティブで協力的、思いやりのある態度は、高齢者施設に住んでいる人々が社会において、不可欠で、尊敬される大切なメンバーであり続けることを手助けする。

オーストラリアの社会は、社会的公正の原則への強い責任をもっている。それらの原則は、尊厳のある安全な方法による健康、医療、生活、教育への平等なアクセスと、市民として、消費者として法律的に平等な権利を、すべてのオーストラリア人の抱負として認識している。それらはまさに、偏見のない思いやりのある人間的な社会の基礎を形成している。

この憲章は、これらの社会的公正の原則を支持するものである。

入居者の、市民として消費者として法律的な権利は、施設に入所したからといって、ないがしろにされない。

憲章は、高齢者介護施設の入居者が、彼ら個々の権利の行使が、介護の提供を含めて、他者の個々の権利を侵さないことを保証する責任をもっていることをも認める。

憲章は、入居者のニーズが施設全体としてのニーズに対してバランスを保つという特定の権利と責任をもっていることを認める。

〈本文〉

一人ひとりの介護を受ける者は次の権利を有する。

a）彼または彼女の個人として、市民として、法律的に、消費者としての権利を十分に有効に行使する
b）彼または彼女のニーズにふさわしい良質の介護を受ける
c）彼または彼女自身の健康状態と可能な治療についての十分な情報を得る
d）尊厳と尊敬をもって待遇される、搾取や虐待、放置などのない生活をする
e）差別や不当な待遇を受けない生活において、介護や施設を提供するものへの過度の感謝は必要ない
f）個人のプライバシーが保証される

g）安全、安心で家庭的な環境で生活し、不当な制限を受けることなく施設の内外とも自由に行き来できる
h）彼または彼女は、一人の個人として待遇され、受容される。そして個々人の趣向は尊敬をもって考慮される
i）彼または彼女は文化的、宗教的行為を継続し、自分の選んだ言語を差別されることなく維持する
j）不安や非難、抑制されることなく、社会的または個人的関係を誰とでも選択し、維持する
k）発言の自由
l）彼または彼女の個人的独立性を維持する
m）たとえリスクの要素を含んでいようとも、彼または彼女自身の行動やチョイスのための個人的責任を受容する。なぜなら介護を受ける者は彼ら自身のリスクを受容する権利を有し、そのリスクは、彼らの行動やチョイスを妨げ、制限するための背景として使われることはない
n）彼または彼女の方針や日常生活、所有物や資産について決定し、引き続き管理する
o）施設の内外において、彼または彼女の選んだ活動や協会、友人たちに所属する
p）地域で一般的に提供されているサービスや活動を利用する
q）入居施設での生活のアレンジについて、選択し決定することについて助言を受ける
r）入居者の権利、介護や設備、その他入居者の個人的なことに関連するあらゆる情報を入手する
s）問題を解決するために議論し、苦情を申し立てる
t）弁護士に連絡、その他の補償の手段をとる
u）彼または彼女の権利を守るための行動に対して、いかなる報復的行為も行われてはならない。

一人ひとりの介護を受ける者は次の責任を有する
a）他の入居者の権利とニーズおよび入居介護施設全体としてのニーズを尊重する
b）職員が悩まされることのない環境で働く権利を尊重する
c）可能な限り、自分自身の健康とウェルビーイングに気を配る
d）可能な限り、自分自身の病歴や現在の健康状態について、医療従事者に情報提供する

※上記の「権利憲章」において、序文は1985年当初に策定されたもので、本文は2014年の制度改正において一部追加されたものを掲載しています。またタイトルは2014年に改訂されたものです。（芹澤訳）

資料② Ｎ子さんの生活文化史年表

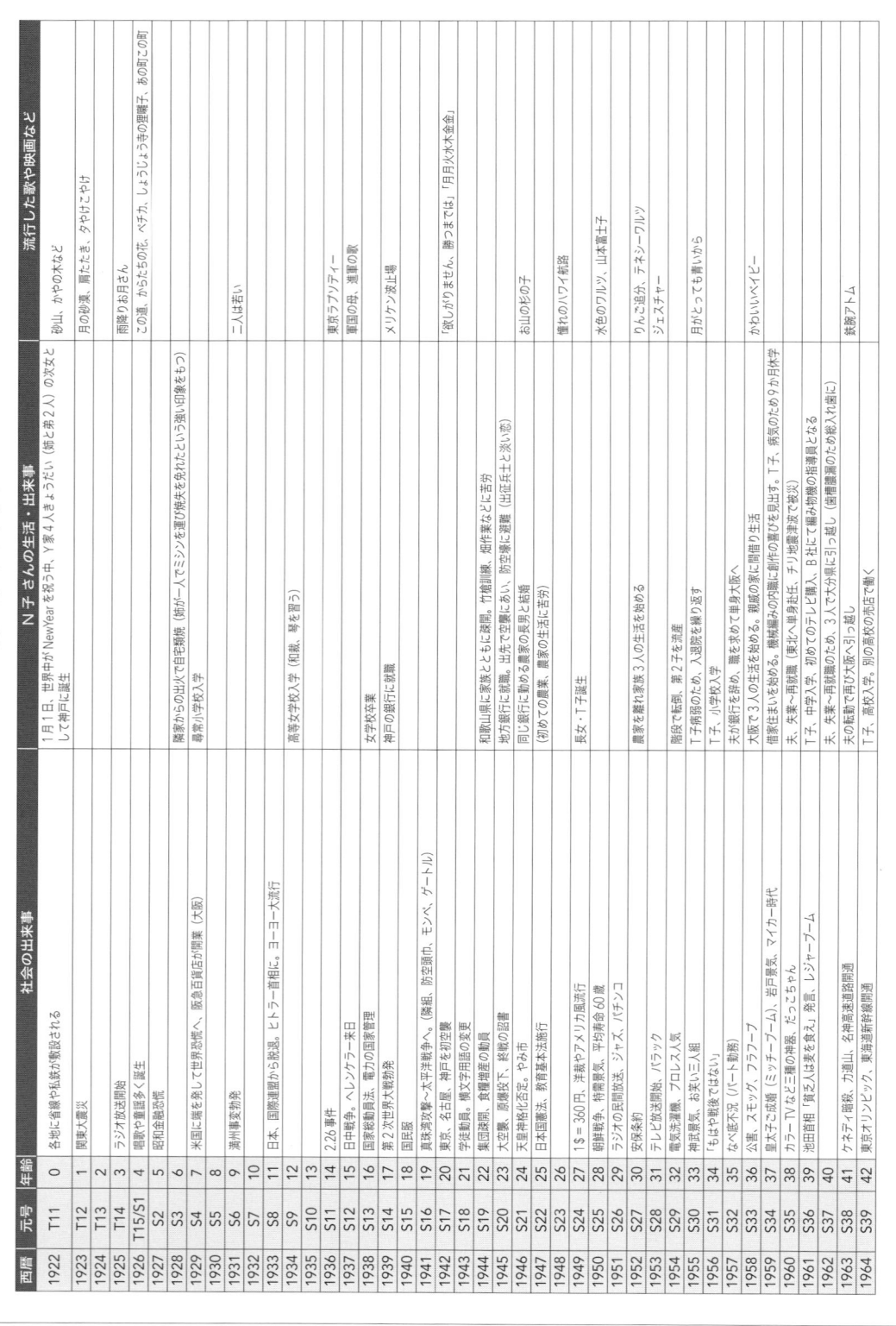

西暦	元号	年齢	社会の出来事	Ｎ子さんの生活・出来事	流行した歌や映画など
1922	T11	0	各地に省線や私鉄が敷設される		砂山、かやの木など
1923	T12	1	関東大震災		月の砂漠、肩たたき、夕やけこやけ
1924	T13	2			
1925	T14	3	ラジオ放送開始		雨降りお月さん
1926	T15/S1	4	唱歌や童謡多く誕生		この道、からたちの花、ペチカ、しょうじょう寺の狸囃子、あの町この町
1927	S2	5	昭和金融恐慌		
1928	S3	6		1月1日、世界中がNewYearを祝う中、Y家人きょうだい（姉と第2人）の次女として神戸に誕生	
1929	S4	7	米国に端を発して世界恐慌、阪急百貨店が開業（大阪）	隣家からの出火で自宅全焼（姉が一人でマシンを運び状況を免れたという強い印象をもつ）	
1930	S5	8		尋常小学校入学	
1931	S6	9	満州事変勃発		二人は若い
1932	S7	10			
1933	S8	11	日本、国際連盟から脱退、ヒトラー首相に、ヨーヨー大流行	高等女学校入学（和裁、琴を習う）	
1934	S9	12			
1935	S10	13			
1936	S11	14	2.26事件		東京ラプソディー
1937	S12	15	日中戦争、ヘレンケラー来日	女学校卒業	軍国の母、進軍の歌
1938	S13	16	国家総動員法、電力の国家管理	神戸の銀行に就職	
1939	S14	17	第2次世界大戦勃発		メリンス波止場
1940	S15	18	国民服		
1941	S16	19	真珠湾攻撃=太平洋戦争へ。（隣組、防空頭巾、モンペ、ゲートル）		お山の杉の子
1942	S17	20	東京、名古屋、神戸を初空襲		「欲しがりません、勝つまでは」「月月火水木金金」
1943	S18	21	学徒動員、横文字用語の変更		
1944	S19	22	集団疎開、食糧配給の動員	和歌山県に家族とともに疎開。竹槍訓練、畑作業などに苦労	
1945	S20	23	大空襲、原爆投下、終戦の詔書	地方銀行に就職、出先空襲にあい、防空壕に避難（出征兵士と淡い恋）	
1946	S21	24	天皇神格化否定、第1次農地改革	同じ銀行に勤める農家の長男と結婚（初めての農家、農家の生活に苦労）	憧れのハワイ航路
1947	S22	25	日本国憲法、教育基本法施行		
1948	S23	26			
1949	S24	27	1$＝360円、洋裁やアメリカ風流行	長女・T子誕生	
1950	S25	28	朝鮮戦争、特需景気、平均寿命60歳		水色のワルツ、山本富士子
1951	S26	29	ラジオの民間放送、ジャズ、パチンコ		
1952	S27	30	安保条約	農家を離れ家族3人の生活を始める	
1953	S28	31	テレビ放送開始、パラレス	階段で転倒、第2子を流産	りんご追分、テネシーワルツ
1954	S29	32	電気洗濯機、プロレス人気	T子病院のため、入退院を繰り返す	ジェスチャー
1955	S30	33	神武景気、お米5人組		月がとっても青いから
1956	S31	34	「もはや戦後ではない」	T子、小学校入学	
1957	S32	35	なべ底不況（パート勤務）	夫が銀行を辞め、職を求めて単身大阪へ	
1958	S33	36	公害、スモッグ、フラフープ	大阪で3人の生活を始める。親類の家に間借り生活	かわいいベビー
1959	S34	37	皇太子ご成婚（ミッチーブーム）、岩戸景気、マイカー時代	借家住まいを始める。機械編みの内職に創作の置きを見出す。T子、病気のため9か月休学	
1960	S35	38	カラーTVなど三種の神器、だっこちゃん	夫、一人再就職（東北）で単身赴任、チリ地震津波で被災	
1961	S36	39	池田首相「貧人は麦を食う」発言、レジャーブーム	T子、中学入学、初めてのテレビ購入、B社にて編み物機の指導員となる	
1962	S37	40		夫、失業→再就職のため、3人で大分に引っ越し（歯磨薬の物物の指導入れ歯に）	
1963	S38	41	ケネディ暗殺、力道山、名神高速道路開通	夫の転勤で再び大阪へ引っ越し	鉄腕アトム
1964	S39	42	東京オリンピック、東海道新幹線開通	T子、高校入学、別の高校の売店で働く	

年	元号	年齢	社会の出来事	自分の出来事	備考
1965	S40	43	経済高度成長期、モンキーダンス	父死去	
1966	S41	44	中国文化大革命、ビートルズ来日	高校の売店での仕事を継続	
1967	S42	45	ベトナム戦争、全学連闘争、リカちゃん人形	T子、大阪の銀行に就職	
1968	S43	46	国民総生産（GNP）世界2位、昭和元禄		
1969	S44	47	大学紛争、アポロ11号	T子結婚（夫が単身赴任のため一人暮らしとなる）	黒猫のタンゴ
1970	S45	48	よど号乗っ取り	手芸会社に就職（46年3月まで）	男はつらいよ
1971	S46	49	団塊世代の結婚ラッシュ、脱サラ	初孫（男児）誕生	TV月光仮面
1972	S47	50	沖縄返還、日本列島改造		「惜別の人」
1973	S48	51	水俣裁判決勝訴	親戚の紹介で証券会社に就職、外交で好成績、母去去	花の中3トリオ
1974	S49	52	金が鳴動	A市で夫との生活を再開	ベルばら、ハイジ、宇宙戦艦ヤマト
1975	S50	53	ベトナム戦争終結、自民党パーティー券6万円	2人目の孫（女児）誕生	
1976	S51	54	ロッキード事件、暴走族	3人目の孫（男児）誕生	キャンディーズ
1977	S52	55	日航機ハイジャック事件、家庭内暴力、王753号ホームラン		ピンクレディーズ
1978	S53	56	日中平和条約、円高騰記録$1=¥175、窓ぎわ族		スターウォーズ、いい日旅立ち
1979	S54	57	サラ金。EU報告書「日本の家はウサギ小屋のよう…」、ウォークマン流行		
1980	S55	58	銀行強盗多発。EU報告書「日本の家はウサギ小屋のよう…」、ウォークマン流行	夫、胃がんの手術（後遺症で入退院を繰り返す）	
1981	S56	59	野菜高騰、電気・ガス大幅値上げ、国鉄ブルムーン		
1982	S57	60	中国残留孤児初来日、ファッション	A市のシルバー合唱団に入団、コーラスを楽しむ	笑っていいとも、ガンダム
1983	S58	61	武蔵野山相続く	A市の高齢者大学入学（成績優秀、繰り返し入学）	
1984	S59	62	東京ディズニーランド	証券会社を定年退職、夫もA高齢者大学に入学	NHKドラマ「おしん」
1985	S60	63	コアラ初公開（多摩）、焼酎不祥事	フォークダンスサークルに入部でダンスを楽しむ	
1986	S61	64	米ソ首脳会談、阪神21年ぶり優勝	A市で多くの市民サークル活動に参加、楽しむ	
1987	S62	65	バブル景気、狂乱物価、財テク		
1988	S63	66	国鉄民営化		
1989	S64/H1	67	瀬戸大橋開通	夫の健康に配慮して、T子の住むB市に引っ越し	
1990	H2	68	ベルリンの壁崩壊、天安門事件、ゴールドプラン（高齢者保健福祉推進10か年戦略）		
1991	H3	69	バブル崩壊へ、流行語に「3K」	「市の高齢者大学に入学（以後、繰り返し入学）	
1992	H4	70	湾岸戦争（父ブッシュ）、金融不祥事	A市のシルバー合唱団に入団、夫との旅行も楽しむ	ドラマ「渡る世間は鬼ばかり」
1993	H5	71	100歳のきんさんぎんさん話題に	フォータウンシスターズ合唱団でダンスを楽しむ	
1994	H6	72	細川非自民内閣、土井たか子活躍	多くの市民サークルで趣味活動を楽しむ	
1995	H7	73	ゼネコン汚職、イチロー改名、(WP設立)		クレヨンしんちゃん
1996	H8	74	阪神淡路大震災、地下鉄サリン事件	讃美歌が好きで、キリスト教会に通い始める	
1997	H9	75			
1998	H10	76	臓器移植法、消費税5%、金融破綻	夫の体調すぐれず、T子の住むC市と同居へ	
1999	H11	77	ゴールドプラン21	夫は復調、温泉旅行に行くことも	
2000	H12	78	介護保険制度	初ひ孫（女児）誕生	
2001	H13	79	小泉内閣、米同時多発テロ	少しずつ趣味や活動減少（膣出血など健康に不安のため）	
2002	H14	80	NPO法人日本タイバージョナルセラピー協会設立	様々な活動に自信をなくしていく	
2003	H15	81	イラク戦争（子ブッシュ）	市のコンサートにシルバー合唱団で出演→週間へ、2人目のひ孫（男児）誕生	ヨン様ブーム
2004	H16	82		脳出血、術後検査だが正常圧水頭症と診断されるも手術拒否	
2005	H17	83	郵政民営化		
2006	H18	84	後期高齢者医療制度	デイサービスに行きたいと希望（夫婦で要介護1認定）	
2007	H19	85		ディサービスセンターを私から変える（アクティビティ、入浴などに不満も）	
2008	H20	86		自宅でリハビリ→回復傾向に、緊急手術→老人保健施設へ、3人目のひ孫（男児）誕生	
2009	H21	87	民主党連立内閣	急性期リハビリ→回復期リハビリ→長期療養病院に転院10月3日、4人目のひ孫（女児）誕生	
2010	H22	88		掲載進み反応減少、T子の歌で琴実美などには来情に変化も	
2011	H23	89	3月11日、東日本大震災（津波と原発事故の多重災害）	夫死去、地元の長期療養病院に転院10月3日、4人目のひ孫（女児）誕生 12月24日世界中が驚く喪服を着るクリスマスイブに、N子逝く	

天国のNさんに許可をお願いしつつ、掲載させていただきます。心から、「ありがとう」（筆者）。

145

資料 ③-1 「Diversional Therapy Assessment」（継続的に）身体的・認知的アセスメント項目

STRENGTHS and COMPETENCES	LIMITATIONS
PHYSICAL	**PHYSICAL**
☐ 移動は自立 ☐ 持久力 ☐ 手先などの巧みな動きができる（Fine Motor Skills） ☐ 体の総合的な動きができる（Gross Motor Skills） ☐ 視覚 ☐ 嗅覚 ☐ 味覚 ☐ 触覚 ☐ 聴覚 ☐ 話すこと ☐ 読むこと ☐ 書くこと ☐ その他	☐ 移動に困難がある ☐ 車椅子使用 ☐ 歩行器使用 ☐ 移動に介助が必要 ☐ 歩行にふらつきがある ☐ 臥床していることが多い ☐ 浮動性、めまいがある ☐ 疲れやすい ☐ 手先など細かい動き（Fine Motor Skills）が障がいされている ☐ 体の総合的な動き（Gross Motor Skills）が障がいされている ☐ 怠惰 ☐ 視力障がい ☐ 聴力障がい ☐ 話すのが困難 ☐ 意思疎通が困難 ☐ 疼痛がある ☐ 徘徊する ☐ 小きざみ歩行など ☐ その他
COGNITIVE	**COGNITIVE**
☐ 回想を楽しむ ☐ 指示を理解できる ☐ 時間を認識できる ☐ 人を認識できる ☐ 場所を認識できる ☐ 過去の出来事を思い出せる ☐ その他	☐ 刺激への反応が鈍い ☐ 指示を理解できない ☐ 記憶が困難 ☐ 不適当な返答 ☐ 同じ動きを繰り返す ☐ 歩き回る／支離滅裂な話し方 ☐ 注意力の持続が短い ☐ 困惑／情緒不安定 ☐ 集中力が困難 ☐ 家族が確認できない ☐ 自室が分からない ☐ 認識が突然変化する ☐ 口頭の指示が理解できない ☐ 目的を確認できない ☐ その他

(Jacqueline Quirke, et al『Documentation Manual for Diversional Therapy』より 訳：芹澤)

資料 ③-2　「Diversional Therapy Assessment」（継続的に）感情的・社会的アセスメント項目

STRENGTHS and COMPETENCES	LIMITATIONS
EMOTIONAL	**EMOTIONAL**
□ 感情表現が豊かである	□ 感情表現が困難
□ 自分のニーズを確認できる	□ 意欲の欠如
□ 意欲的である	□ アクティビティに参加しない
□ 活動的なことが好き	□ 他者に依存する
□ 新しい経験を楽しむ	□ 自信の欠如
□ 自分のレジャーを計画できる	□ 自室から離れるのが不安
□ 自主的である	□ 不安感が強い
□ チョイスができる	□ ほとんどのチョイスができない
□ 何事にも興味を示す	□ 自己決定が困難
□ 創造的である	□ 泣きやすい
□ 肯定的な態度	□ 悲嘆感が強い
□ 自分の能力を自覚する	□ 感情が不安定
□ ユーモアを楽しむ	□ イライラしやすい
□ その他	□ 攻撃的な言動がある
	□ 恐怖感がある
	□ その他
SOCIAL	**SOCIAL**
□ １対１のかかわりができる	□ アイコンタクトがとりにくい
□ 協力的	□ 表情に乏しい
□ アイコンタクトがとれる	□ 引き込もりがち
□ 表情がある	□ グループの中では不安がる
□ 活動的な参加	□ 職員に依存する
□ 社会的なかかわりを楽しむ	□ 参加が消極的
□ 小さなグループでの活動を楽しむ	□ 交流しようとしない
□ 大きなグループでの活動を楽しむ	□ 代替的なコミュニケーション
□ 会話を楽しむ	□ その他
□ 自ら会話する	
□ 職員とのかかわりを好む	
□ 他のクライアントとのかかわりを好む	
□ 自らかかわりをもとうとする	
□ 新しい友人をつくる	
□ ペットをかわいがる	
□ その他	

(Jacqueline Quirke, et al『Documentation Manual for Diversional Therapy』より　訳：芹澤)

資料 ④ DT 個別プログラム計画

評価スケール
A：DT のサポートとともに目的を達した
B：引き続き DT のサポートが必要とされる
C：目的達成は困難

名前	
居室	

日付	認められるニーズ、要望	目的 期待される成果	介入（プログラム）	（評価）	評価とコメント

担当者（　　　　）（　　　　）

(Jacqueline Quirke, et al『Documentation Manual for Diversional Therapy』より　訳：芹澤)

資料⑤

DT：アクティビティ計画表

作成日：　　　年　　月　　日（　）
作成者：

実施テーマ（事項）	
実施日時／場所	月　　日（　）　　時　　分〜　時　　分
実施スタッフ	
プログラムの目的	
期待される成果	
参加者	
実施計画（ストーリー）	
必要なサポート	身体的ニーズ： 医療的ニーズ： 見当識など： 補助用具の必要性： その他：
予想されるリスクと対応	
その他必要な調整	
準備品・材料	
経　　費	
観察と事後の評価	参加者の反応： 期待した成果の達成度： 次回へのアドバイス：

（作成：芹澤）

資料⑥

DT：外出プログラム計画表

作成日：　　　年　　月　　日（　）
作成者：

実施テーマ（事項）	
実施スタッフ	
目的と実施内容 （現地で何をするか？）	
期待される成果	
参加者	
実施計画	実施場所： 時間：　　時　　分〜　　時　　分 移動経路： 移動手段（車両の手配）： トイレの場所と形状：
準備品・材料	
予想されるリスク	
リスクへの対応	
その他必要な調整	
経　　費	
必要なサポート	身体的ニーズ： 医療的ニーズ： 見当識など： 補助用具の必要性： その他：
観察と事後の評価	参加者の反応： 期待した成果の達成度： 次回へのアドバイス：

（作成：芹澤）

資料⑦

Documentation Manual for Diversional Therapy

アクティビティの名称	

日付		時間		開催場所	

参加者	

目標と結果の評価

参加者、スタッフ、ボランティア、訪問者からのフィードバック

肯定的	
否定的	

アクティビティ計画の評価

計画	
開催場所の適切性	
時間・タイミング	
グループのサイズ・人数	
移動手段	
スタッフィング・職員数	
ボランティア	
その他	

(『Diversional Therapy Department Activity Evaluation』より訳：芹澤)

資料⑧

DT プログラム参加者記録シート

SONAS、その他のアクティビティ【　　　　　　　】

　　　　　　　　　　　　　　　年　　月　　日（　）第　　回目

テーマ：	
参　加　者	参加の様子、特記すべき行動、発言、表情など
プログラム評価	

記入者（　　　　　　　）

（作成：芹澤）

資料 ⑨-1

SONAS セッション計画表（雨）

作成日：2016 年 5 月 25 日（水）
作成者：芹澤

テーマ		雨
実施日時	場所	6 月 22 日（水） 10：30 ～ 11：30　　　　施設ホール
実施スタッフ		進行役： サポートスタッフ：
テーマの目的		6 月は梅雨の季節。「雨」をテーマに歌を歌ったり、話をすることにより梅雨どきの暮らしを思い出す。また水に触れ、水の音を聞く、アジサイの色を楽しんだり水ようかんを味わうなど、五感に働きかける。オクタバンドや風船を使い、音楽に合わせた身体活動を促す。
参加者		
ストーリー		①始まりの演奏「ふるさと♪」で参加者を誘う ②名札を付けて名前を紹介し、コミュニケーション ③雨にまつわる暮らしの話題を楽しむ ④いろいろな傘を見る（和傘、番傘、カラフルなビニール傘もOK） ⑤「あめふり♪」を歌う→蛇の目傘を取り出して一人ひとりに差しかける ⑥傘をさしながら「雨降りお月さん♪」を歌う ⑦色とりどり、数種類のアジサイの中から好きな花を選んで手に取る ⑧「雨♪」"雨が降ります、雨が降る"を歌いながら、花に水を振りかける ⑨洗面器とブリキの玩具で水遊び、じょうろや水鉄砲で水の感触を楽しむ ⑩「かえるの歌♪」で輪唱にチャレンジ ⑪おやつ　水に浮かべた数種類の水ようかんをチョイスしてすくい、食べる ⑫最後に晴れて「青い山脈♪」を歌いながらオクタバンド（またはブルーの大きな布など）で風船を飛ばすなど、雨上がりの気分と遊びを楽しむ ⑬フィナーレはカラフルなレイをチョイスして首にかけ、「見上げてごらん夜空の星を♪」を歌いながらフラの手ぶり（進行役はキャスター付きの椅子で動きながら、参加者一人ひとりに語りかけるように手ぶりで踊る） ⑭セッションを振り返り、楽しんだことを思い出しながらクールダウン ⑮「夕やけ小やけ♪」を歌いながら、一人ひとりと終わりの挨拶をする
準備するもの		楽器（鉄琴など）、多様な傘、おやつ（水ようかん・カップゼリー）、水で遊ぶ玩具、風船、オクタバンド、花（アジサイ）、雨にちなんだ飾り物・フラのレイ
購入するもの		水ようかん
予算・経費		
予想されるリスクとその対策		傘と水の扱いに注意、濡れたときのためにタオルを準備 水ようかんの嚥下
参加者のケアニーズ		○○さん、○○さん：握力が弱いので、傘をもつときサポートする ○○さん：リクライニングチェアを可能だけ起こして、セッションの様子が見えるように配慮する ○○さん：トロミを付けたジュースでようかんの代用とする→要介助

資料 ⑨-2

SONAS セッション計画表（夏の暮らしと海）

作成日：2015年6月26日（金）
作成者：芹澤

テーマ	夏の暮らしと海		
実施日時	7月24日（金）　14：30〜	場所	施設ホール
実施スタッフ	進行役： サポートスタッフ：		
テーマの目的	猛暑の続く7月は「夏の暮らし」をテーマとし、夏の生活習慣や風物詩の話題を提供して季節を感じる。天日で熱した砂や貝殻、水に触れて海を感じる。大きなブルーの布で海をイメージし、ビーチボールや風船を飛ばして遊ぶ。あさがお、ひまわりなどの夏の花を飾るなど、視覚と触覚からも夏を感じる。		
参加者			
ストーリー	①始まりの演奏「海は広いな♪」で参加者を誘う ②名札を付けてコミュニケーション ③季節の話題から「夏」のテーマを告げ挨拶 ④「夏の思い出」を歌いながら、花を見て触れる ⑤好きな花をチョイスしてオアシスに生けて飾る ⑥でき上がった花盛りを見て「夏は来ぬ」を歌う ⑦海の話題から、麦わら帽子を選んでかぶる（前もって花の飾りを付けておく） ⑧「海♪」（海は広いな〜）を歌いながら、熱くした砂浜の砂や、水、貝殻などに触れ、海をイメージする ⑨椰子の実を見て「椰子の実」や「海♪」（松原遠く〜）を歌う ⑩海をイメージしたブルーの大きな布とビーチボールや風船を用いて海の戯れ ⑪おやつに小さな"棒付きアイスキャンデー"を ⑫「ハワイへ行ってみよう！」と「憧れのハワイ航路♪」を歌いながら…好きなレイをチョイスして首にかける ⑬フィナーレは、いつものフラ「見上げてごらん夜空の星を♪」 ⑭「夕やけ小やけ♪」で一人ひとりと会話しながら解散		
準備するもの	楽器（鉄琴など）、花、オアシス、海の砂（熱くして大きめの洗面器などに入れる）、貝殻、椰子の実、ビーチボール、水を入れた洗面器（砂に触った後の手洗いと"水の感触"を楽しむ）、洗面器、麦わら帽子（施設に設置のものでOK）、小さな"棒付きアイスキャンデー"参加者と実施スタッフの人数分		
購入するもの	ひまわりなど夏の花、花器（オアシス）、造花		
制作するもの	麦わら帽子に好きな造花を取り付ける（アクティビティとして）		
予算・経費			
予想されるリスクとその対策	砂を触った後の手洗い（水の感触を兼ねる）を十分に		
参加者のケアニーズ	○○さん：椅子に移乗した際、クッションで座位をサポート ○○さん：強度の難聴があるので、皆が歌うときは歌詞をハンディなホワイトボードに書いて見せ、一緒に歌えるように		

資料⑩ SONAS参加者ライフビュー　■テーマ：＿＿＿＿＿＿　■実施日：＿＿年＿＿月＿＿日（　）

氏　名							
年　齢							
生年月日							
干支							
出生地							
子どもの頃の 背景、思い出							
大人になってからの 背景、思い出 （家事・家業・仕事）							
趣味 好きなこと（もの） 得意なこと							
留意点							
その他							

SONAS セッション座席表

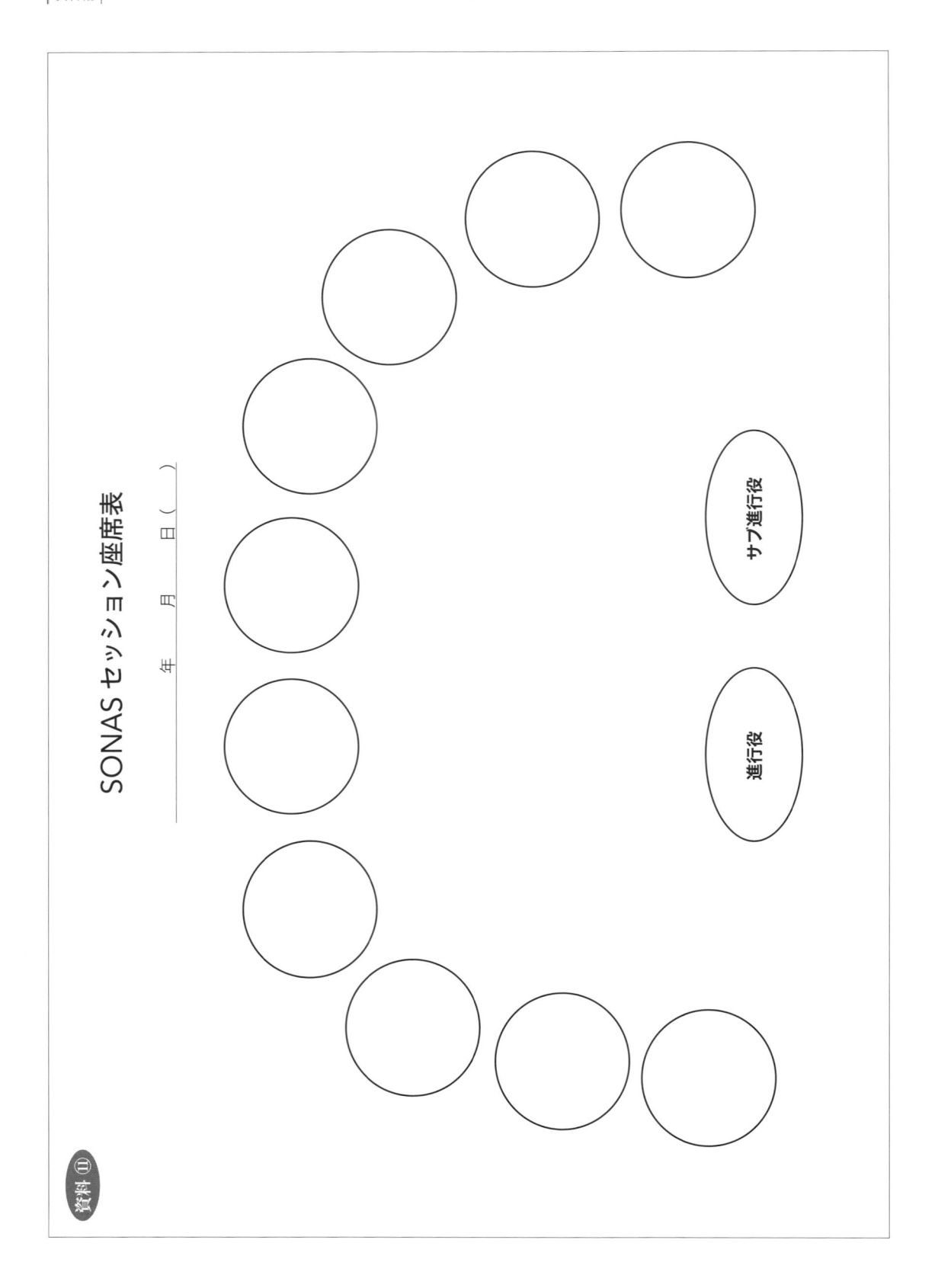

年　月　日（　　）

進行役

サブ進行役

資料 ⅱ

資料 ⑫

センサリーアプローチにおける観察と記録

【視点】
　　A：活性の方向への変化がみられた　　　　C：ほとんど変化がみられなかった
　　B：顕著な変化はないが、心地よい様子がみられた　　D：不快な表情や行動がみられた

利用日時	年　　月　　日（　）　　時　　分〜　　時　　分
利用者	
担当者	

（評価）	Physical（どのような体の動きや変化があったか？）

	Emotional（どのような感情の表出がみられたか？）

	Cognitive（室内のものに興味をもったり、意識の活性、何かを思い出したか？）

	Social（コミュニケーションや他者への関心などがみられたか？）

（作成：芹澤）

|資料編|

DT関連グッズ

　筆者のDT実践の経験から、DTプログラムやライフスタイルの維持に役立つアイテムを紹介します（価格はすべて消費税別途、2016年8月）。

ドールセラピーの赤ちゃん人形

ヒーリングベイビー「たあたん」®

　表情、重さのバランス、体形、関節の仕様など、できるだけ本物の赤ちゃんのような抱き心地を考えて作られました。2001年発売以来、約2万体が多様な分野で活用されている、日本のドールセラピーを拓いた赤ちゃん人形。想像力を刺激し、愛する対象としてコミュニケーションの役割ももちます（考案：芹澤隆子）。
- 定価：10,000円
- お問い合わせ：有限会社 ウェル・プラネット
  ☎ 06-6882-0360

2016年12月発売予定：「泣き笑い たあたん」

　「たあたん®のきょうだい」として誕生します。体の触れる部位によって、泣いたり笑ったりする音声機能を搭載。ドールセラピーのチョイスが広がります。
- お問い合わせ：フランスベッド福祉用具相談窓口
  ☎ 0120-083-413

カラフルな伸縮性のバンドで、体を動かす喜びを！

オクタバンド®（ダンスムーブメントセラピー）

　アメリカのダンスムーブメントセラピスト、Donna Newman-Bluestein氏によって考案され、2015年2月にNewman氏を招いて日本DT協会主催のワークショップが開催されたのを機に、DTプログラムの一つとして導入されました。タコの足のように放射線状にひろがるバンドを手にもって、音楽に合わせて体を動かしたり、風船などを使ってさまざまなエクササイズが楽しめます。集中力や連帯感が増し、コミュニケーションツールにもなります。
- 定価：大／バンド16本／19,000円
  　　　小／バンド8本／12,000円
- お問い合わせ：有限会社 ウェル・プラネット
  ☎ 06-6882-0360

身近な音楽ツールとして、個別にもグループアクティビティにも

卓上鉄琴や木琴など

楽器なら何でもいいのですが、「コス・レインボーカラー鉄琴 13 音 CG-13C」がおすすめです。音階ごとに色分けされていて、耳に心地よい音です。SONAS セッションやルームビジットのときはもちろん、テーブルを囲んで気軽に歌を歌ったり、1 対 1 で弾き合ったり…。鉄琴はバチ 1 本で簡単にメロディを弾けるので、音楽は苦手という職員も一緒に楽しめます。インターネットの通販サイトで「レインボー鉄琴」で検索できます。

- 参考価格：16,000 円
- 製造・販売元：コス楽器株式会社
  ☎ 0299-58-4728

色が移り変わる光の束でセンサリーアプローチ

「サイドグロウ」

移り変わる光の色が動きのある輝きをみせて視覚的刺激を与えます。光を伝えるファイバー状の束は長時間使用しても熱をもたないので、触ったり体に巻き付けたり、自由に楽しむことができます。スヌーズレンルーム（センサリールーム）に設置しても、単体でグループセッションや個別プログラムなどに使うこともできます。

- 定価：210,000 円（写真／長さ 200 cm × 200 本の場合）
- お問い合わせ：有限会社 コス・インターナショナル ☎ 03-5443-5890

ベッドから離れて楽しもう ──チェアが変わればケアが変わる

Regency Care Chair 「ジェルチェア」（オーストラリア製）

リクライニング＆ティルティング機能でソファのような座り心地。車輪の径が 21 cm あるので屋外にもお連れでき、通常の車椅子では座位が保てなくなった方も居室で寝たきりという状態から解放され、レクリエーションも楽しめます。体に触れる部分は伸縮・通気・撥水性に優れた素材。外側は花柄、無地、ドット模様など多彩。座面は 40 cm と 48 cm の 2 種類あります。

- 参考価格：5,200,000 円（現在は受注後、オーストラリアのメーカーに発注するため、為替レート、台数などにより変動します）
- 製造元：REGENCY MEDICAL 社
- お問い合わせ：有限会社 ウェル・プラネット ☎ 06-6882-0360

おわりに

　本書を手に取ってくださって本当にありがとうございます。ダイバージョナル…という聞き慣れない言葉に魅かれて踏み入った森はあまりにも奥深く、その道は多岐に分かれ、迷いに迷って、出版という光明を見るまでに10年かかりました。ただただ、その森の豊かさを、楽しさを、一人でも多くの方々にお伝えしたくて歩き続けました。その道程で出会った多くの方々の笑顔と絶妙の一言、思いがけないアイデアと行動…が、筆者を導いてくれました。それは、認知症や障がいといった言葉さえ忘れさせる英知と慈愛に満ちたものでした。ダイバージョナルセラピーでいう「楽しさ」とは、その発見と再確認にあるのではないかと、今思います。

　筆者がオーストラリア通いを始めた20年の間に、オーストラリアの高齢者政策は、より高い質と経済的効率を求めて何度も変革を遂げてきました。その中で、オーストラリアやニュージーランドのダイバージョナルセラピーはどんどん発展してきたのです。ダイバージョナルセラピストたちの努力もさることながら、それが社会の求めるものと一致していたからではないでしょうか。

　今、日本では、300人余りのダイバージョナルセラピーワーカーたちが、介護、看護、リハビリテーション、ケアマネジャー、訪問介護といった本業とダイバージョナルセラピーをどうやりくりしようかと日々悩んでおられます。人々が「より楽しく自分らしく生きたい」と求めるのは、どのような国も同じです。日本でもいつの日か「楽しむためのプロフェッショナル」としてダイバージョナルセラピーが認められる日の来ることを信じて、筆者も実践を続けていきたいと思います。

この書を書いている途中でこんなことがありました。オーストラリアのある高齢者施設を訪れたとき、スタッフルームのデスクに、1枚の写真が立てかけられているのが目に入りました。それは日本の5人の女性が浜辺で手をつないで海を見ている後ろ姿、「のんびり村」の海水浴です。「ああ、日本のダイバージョナルセラピーが飾られるようになったんだ…」と、少し胸の熱くなる思いがしたものです。

　でも海水浴が「目的」だったのではありません。本文中でも書きましたように、ダイバージョナルセラピーはそのプロセスを作っていくところに意味があります。私たちは今、「日本の介護をダイバージョンさせるプロセスを作っている！」と考えようではありませんか。「老いるとは楽しむこと」と胸をはって言える日を目指して。

　最後になりましたが、この10数年間遅々として進まぬ執筆を、辛抱強く見守ってくださった三輪書店の青山智社長と、いつも冷静な助言で支えてくださった小林美智さんに深く感謝申し上げます。そして、日本

のいちライターに過ぎなかった筆者を、おおらかな気持ちでダイバージョナルセラピー協会の会員として迎え入れ、惜しみない情報提供と指導でダイバージョナルセラピーの日本への導入に尽力してくださったVickie Kimlin氏とオーストラリアダイバージョナルセラピー協会の歴代理事長、メンバーの皆さんに、心からの感謝を捧げます。

2016年8月吉日

芹澤隆子

著者プロフィール

1949年、和歌山県生まれ。1990年頃より医療・介護・福祉分野の取材記者、編集者として活動。1995年に編集プロダクション、有限会社ウェル・プラネットを設立。多様な現場を経験する中、1996年にオーストラリアの取材時にダイバージョナルセラピー（Diversional Therapy/DT）と出会い、日本における普及活動を始めた。2001年よりオーストラリアDT協会会員。2002年には特定非営利活動法人日本ダイバージョナルセラピー協会の設立に参画。2006年から理事長、現在に至る。2015年までに23回の「DT研修ツアー」を含む40数回の渡豪や、オーストラリア連邦政府 Aged Care 省の Bronwyn Bishop 大臣や Peter Beattie クインズランド州首相（いずれも 1999〜2001年当時）へのインタビューなどによって日豪の交流を深める。現在、DTコンサルテーションおよび現場実践、研修、講演、執筆活動などを行う。著書に『心を活かすドールセラピー〜ダイバージョナルセラピーの視点から〜』（出版文化社、2003年）、共著として『高齢期の心を活かす』（田中秀樹編、ゆまに書房、2006）など。

芹澤隆子
（せりざわ たかこ）

施設ケアの新発想！ オーストラリアのプロメソッド
ダイバージョナルセラピー

発　行	2016年9月10日　第1版第1刷 ©
著　者	芹澤隆子
発行者	青山　智
発行所	株式会社 三輪書店
	〒113-0033　東京都文京区本郷6-17-9　本郷綱ビル
	☎ 03-3816-7796　FAX 03-3816-7756
	http://www.miwapubl.com/
印刷所	シナノ印刷株式会社
制　作	有限会社エイド出版
装　丁	株式会社 IOK

本書の内容の無断複写・複製・転載は、著作権・出版権の侵害となることがありますのでご注意ください。

ISBN978-4-89590-576-3 C3047

JCOPY ＜（社）出版者著作権管理機構 委託出版物＞
本書の無断複製は著作権法上での例外を除き禁じられています。複製される場合は、そのつど事前に、（社）出版者著作権管理機構（電話 03-3513-6969、FAX 03-3513-6979、e-mail：info@jcopy.or.jp）の許諾を得てください。